中国旅游发展年度报告书系
Annual Development Report of China's Tourism

中国出境旅游发展年度报告 2017

ANNUAL REPORT OF CHINA OUTBOUND TOURISM DEVELOPMENT 2017

中国旅游研究院

北京·旅游教育出版社

责任编辑：郭珍宏

图书在版编目（CIP）数据

中国出境旅游发展年度报告. 2017 / 中国旅游研究院著. -- 北京：旅游教育出版社，2017.9
ISBN 978-7-5637-3631-7

Ⅰ. ①中… Ⅱ. ①中… Ⅲ. ①国际旅游－研究报告－中国－2017 Ⅳ. ①F592.3

中国版本图书馆CIP数据核字(2017)第232435号

中国出境旅游发展年度报告2017

中国旅游研究院　著

出版单位	旅游教育出版社
地　　址	北京市朝阳区定福庄南里1号
邮　　编	100024
发行电话	（010）65778403　65728372　65767462（传真）
本社网址	www.tepcb.com
E - mail	tepfx@163.com
排版单位	北京旅教文化传播有限公司
印刷单位	北京中科印刷有限公司
经销单位	新华书店
开　　本	787毫米×1092毫米　1/16
印　　张	12
字　　数	166千字
版　　次	2017年9月第1版
印　　次	2017年9月第1次印刷
定　　价	70.00元

（图书如有装订差错请与发行部联系）

《中国出境旅游发展年度报告2017》
编委会

主任委员
杜　江　国家旅游局副局长、博士
副主任委员
戴　斌　中国旅游研究院院长、教授、博士
编　　委（按姓氏音序排序）
戴　斌　蒋依依　李仲广　马仪亮　宋子千
唐晓云　吴丰林　吴　普　夏少颜　杨宏浩

《中国出境旅游发展年度报告2017》
编写组

主　　编
戴　斌　中国旅游研究院院长、教授、博士
执行主编
蒋依依　中国旅游研究院国际旅游研究所所长、研究员、博士
编辑部成员
杨劲松　杨丽琼　宋慧林　谢　婷　刘祥艳　李兰兰　侯冉冉
戴旭俊　王雅倩　杨宏浩　张佑印　何琼峰　彭　亮

前　言

　　经过十多年的高速增长后，中国出境旅游在 2015 年以首次低于两位数，即 9.8% 的增幅迎来了转折期。2016 年，增幅则进一步下降到 5% 以下。根据国家旅游局的年度工作目标和"十三五"规划的市场指标，稳健的中低速增长很可能是今后一个时期出境旅游市场的基调。这个转折是客观存在的，问题是我们如何解读和应对。有人说是政策调控的结果，也有人归因于汇率。应当说，在国民经济新常态和扩大内需的大背景下，我们对上千亿美元的出境旅游消费是高度关注的，也努力引导消费回流。从公开的文件和行政措施来研判，主要还是"引"，而不是"堵"的战略。或者说是通过旅游环境的改善和服务品质的提升，促进各地与海外目的地公平地竞争游客。这意味着中国市场对世界各国各地区都是开放的，而不是封闭的，也意味着海内外旅游目的地之间的竞争将更加激烈。那种在大众媒体做做广告，找几个自媒体写写软文，就可以吸引大量游客前往的推广方式将不会再有。可以预计，由于竞争的加剧，针对中国游客的宣传、推广、促销和线下活动会更多，也会有更专业的看点。

　　已经拥有多次出境经历的中产阶层正在形成一个相对稳定的利基市场，他们有着相对稳定的目的地偏好和消费模式，更加强调对目的地生活方式的体验。自由行而非跟团游，城市、度假地而非国家，与居民共享生活空间而非局限于封闭的旅游接待体系，碎片化、随意性的供应商选择而非整体打包的旅行服务，是这个客群越来越醒目的标签。正是由于这个基础市场的存在，出境旅游者的海外消费行为正在从早期的"买买买"转向"慢慢慢"。无论住宿、餐饮、购物，还是文化娱乐，都更加强调对目的地生活方式的体验。就是购物这个细分领域，也正在从早期炫耀性消费走向日常化的理性消费。也许要不了多久，"爆买"就会成为一个尘封的历史名词。可以说，如何赢得海外旅行经验丰富的中产阶层，将是目的地营销机构和线上线下旅行服务商战略竞争的"胜负手"。近年来，除携程、同程、途牛外，像蚂蜂窝、妙计、不跟团、我趣旅行这样基于互联网、大数据和人工智能的新型市场主体，正在与这个有着巨大增长潜力的基础市场相向而行。当然，在此进程中，我们也看到了国旅、中青旅、广之旅、春秋、凯撒等传统出境大社的创新努力。

包括中西部的二三线城市，甚至中低收入阶层的居民已经成为首次出境旅游市场的主力军。由于旅行经验的欠缺，他们更倾向于选择省心省力的团队旅游方式，在欧洲、北美、西亚、北非、南太等中远程市场上，这个特征尤为明显。需要指出的是，这个市场对于价格非常敏感，3000元/人很可能就是部分省市的价格临界点。尽管拥有巨大的市场空间，但是价格策略常常会让目的地和组团社处于两难境地。维持低价，消费者的口碑和目的地形象上不去，还容易成为中外执法和监管机构关注的焦点；实施品质和价格双提升策略，市场占有率则会出现断崖式下降。考虑到中国近14亿人口中拥有出境旅行证件者只有6%~7%，可以判断这个两难的选择还会持续相当长一段时间。要品质，还是要数据？这需要我们更高水平的市场感觉和商业智慧。

海外目的地在中国竞争客源，中国的投资者和旅游运营商则在世界竞争资源。无论是锦江、首旅、海航、携程、开元这样的产业资本，还是中国民生投资、安邦保险这样的金融资本，以及更多携风险投资和人工智能技术的创业者，已经或者正在谋求海外的战略布局。从投资标的上看，过去主要是酒店、度假地、葡萄酒庄等房地产资源，现在则以共享经济的名义，寻找广义住宿、自驾游、餐饮等碎片化资源，通过高科技把它们连接起来。加上银联、微信、支付宝等金融支付的创新，以及来自中国的商业保险机构推动的海外救援体系的完善，假以时日，他们中的成功者终将成为改变世界旅游格局的有生力量。需要关注的是国家外汇管制政策，尤其是资本项下的进出管制对涉旅企业的海外布局可能的影响。

鉴于全球第一的出境旅游客源市场地位和消费潜力，旅游在国家外交中将会扮演更加积极的角色，并在港澳台事务中发挥重要的作用。继俄罗斯、韩国、美国、印度之后，2017年，瑞士、丹麦、澳大利亚、哈萨克斯坦和东盟十国分别与中国互办旅游年。加上世界旅游组织的年会和"一带一路"峰会的涉旅议题，旅游改变世界正在由预言成为现实。无论是签证的便利化，还是中文接待环境的完善性，都意味着越来越多的国家和地区在"欢迎中国（Welcome Chinese）"战略目标上所付出的努力。我们也要看到旅游与外交相互作用的多种可能性，政治、军事和外交领域中的摩擦，事实上已经对国民选择海外旅游目的地产生了直接而现实的影响。事实上，国家和地区关系所引发的出境旅游流向、流量、流速和消费方式的变化也对出境旅游运营商产生了直接的影响。对于涉旅游企业，特别是那些大型旅游批发商来说，无论是中长期的战略布局，还是年度甚至更短周期的商业策略，都必须高度重视来自于市场之外的风险管控。

正在发生的改变正在影响我们对未来的判断，而对未来的研判则可能影响我们现在的行为，以及对未来格局的型塑。无论如何，我们对中国出境旅游市场的发展前景充满信心，对世界各国各地区向中国旅游者和投资者不断释放的善意充满信心，更对旅游之于人类文明演化的正向促进充满信心。

戴斌

中国旅游研究院院长、教授、博士生导师

2017 年 3 月 28 日

目 录
CONTENTS

导言　2016年中国出境旅游发展概况 ··· 1

第一章　2016年中国出境旅游总体状况 ··································· 7
第一节　规模与消费 ··· 8
第二节　流量与流向 ··· 10
第三节　影响因素 ··· 15

第二章　客源地产出特征 ··· 39
第一节　中国客源地潜在出游能力 ·· 40
第二节　典型城市出境市场 ·· 43

第三章　目的地消费行为 ··· 69
第一节　总体分析 ··· 70
第二节　主要目的地消费特征 ··· 83

第四章　目的地满意状况 ··· 109
第一节　总体状况 ··· 110

第二节　目的地满意度状况 ·· 112

第五章　2017年我国出境旅游发展趋势与建议 ································ 139
　　第一节　2017年我国出境旅游发展趋势 ······································ 140
　　第二节　2017年我国出境旅游发展建议 ······································ 144

专题一　中国赴"一带一路"出境旅游状况 ······································ 147
专题二　2017年上半年中国赴欧洲旅游趋势报告 ······························ 168

后　　记 ·· 181

导言
2016年中国出境旅游发展概况

一、发展环境的优化推动了出境规模与消费能力的不断扩大

2016年,在收入增长和旅游消费升级,以及签证、航班等便利因素的影响推动下,我国出境旅游热依然持续,出境旅游人数达1.22亿人次,同比增长4.3%,继续蝉联全球出境旅游人次世界冠军。中国的出境旅游增长使诸多旅游目的地受益匪浅,特别是日本、韩国和泰国等周边目的地,以及美国、欧洲等远途旅游目的地。我国已经成为泰国、日本、韩国、越南、俄罗斯、马尔代夫、英国等多个国家的第一大入境旅游客源地。内外部环境的优化推动了出境旅游的发展。2017年3月5日在第十二届全国人民代表大会第五次会议上的政府工作报告指出,2016年我国国内生产总值增长6.7%,城镇新增就业1314万人,年末城镇登记失业率为4.02%,为多年来最低。居民收入增长快于经济增长,城乡收入差距持续缩小。《2017年政府工作报告》指出,2016年铁路营业里程达到12.1万公里,其中高速铁路超过1.9万公里,高速公路通车里程超过12万公里。为了更好迎接中国游客,多个国家对中国游客实施了免签、落地签以及签证费减免等便利化措施,截至2017年1月,持中国普通护照可以有条件免签或落地签前往的国家和地区已达61个,相比去年同期增加9个。欧洲国家也开始对华免签证,2017年1月1日中国和塞尔维亚互免持普通护照人员签证。继美国、加拿大、新加坡、韩国、日本和以色列之后,澳大利亚正式加入对华"十年签证"队伍。跨国交通也在不断完善。《2016年民航行业发展统计公报》显示,2016年我国定期国际航线共有739条,比2015年增设79条,覆盖到56个国家145个城市。中国—尼泊尔开通了首列中南亚班列,已开通的"义新欧"班列拟加挂客车车厢以带动沿线旅游发展,印度开通了免费24小时中文游客救助热线。

二、中国出境旅游成为促进"一带一路"倡议人文交流的重要载体

空中、地面与海上走廊的共同建设,使"一带一路"成为沿线普通民众相互往来的纽带。在组建海上丝绸之路、陆上丝绸之路与"万里茶道"国际旅游推广联盟,先后举办中俄、中韩、中印、中国—中东欧、中国—东盟等旅游年活动,我国与包括"一带一路"沿线国家在内的70多个国家缔结了适用范围不

等的互免签证协议,与14个沿线国家达成了简化签证手续协议或安排,以及72小时过境免签、离境退税等工作与政策的协同效应下,根据不完全统计,仅2016年,中国就为沿线国家与地区贡献了5001.4万人次的出境过夜游客。3年累计规模接近1.5亿人次。如此大规模的人员流动,推动了民众之间的直接沟通与交流,使得拥有辉煌历史但在近代以来一直在封闭与开放间徘徊的"一带一路"坚定不移地走向开放。旅游作为民众自发交流的重要形式,不会展现政治倾向与国家意志,其平等自信、不卑不亢的合作姿态,更容易被国际社会所认同、接受。可以说,旅游在推进与沿线国家、地区民心相通中,发挥了基础性和"润物无声"的作用,既增进了各国之间的信任,也为文化软实力的对接提供了多方位渠道。

三、出境旅游促进了旅游产业合作从市场互换向要素流动的持续深化

出境旅游在推动我国旅游产业国际化布局方面发挥了重要作用。在配合"一带一路"倡议中,发挥了推动旅游产业合作从市场互换向要素流动持续深化的重要作用。国家旅游局早在2007年就完成了《丝绸之路旅游区总体发展规划》。《"十三五"旅游业发展规划》中将丝绸之路、海上丝绸之路列入十大国家精品旅游带,并将开展"一带一路"国际旅游合作作为旅游外交的核心工作。我国先后与俄罗斯、乌兹别克斯坦、哈萨克斯坦、匈牙利等沿线多个国家与地区签署旅游合作谅解备忘录,在中东欧地区设立首个海外旅游办事处,构建包括中俄蒙三国旅游部长会议在内的常态化合作平台等系列工作都为沿线旅游产业合作创造了良好条件。我国与哈萨克斯坦、吉尔吉斯斯坦丝绸之路合作申遗成功,中免集团将免税业务拓展到柬埔寨,携程旅行网收购印度最大在线旅游运营商Make My Trip,众信国旅入股地中海俱乐部,都表明旅游产业的国际化布局正在紧跟中国游客的脚步,并呈现出投资主体多元、投资模式多样、投资区域扩大等特征。如果说曾经的"一带一路"是因商而旅,那么今天的"一带一路"则是旅商融合。

四、出境旅游为其他产业合作，特别是基础设施间的互联互通奠定了基础

上亿的出境游客规模以及上千亿美元的出境旅游消费，推动了包括基础设施互联互通在内的产业合作。"一带一路"沿线国家旅游业起步较晚，旅游基础与接待设施建设相对落后。大规模的游客流动，迫切需要航空、公路、铁路、港口、通关等软硬件条件的优化作为支撑。中老铁路、中泰铁路、印尼雅万高铁等设施的相继建设，既是当地社会经济发展的需求，同时也是中国出境游客的诉求。不断增长的游客规模、多样化的游客需求，一定程度推动了丝路基金、中国—欧亚经济合作基金、亚洲基础设施投资银行、国家开发银行、中国进出口银行等金融机构在"一带一路"旅游基础与接待设施建设中扮演积极角色。出境旅游的发展还有效地促进了金融领域的国际化合作。截至2017年3月底，沿线已有近50个国家和地区受理银联卡。国民跨境消费与跨境支付的发展推动了人民币在尚未完全放开的情况下走向国际市场的步伐。旅游业所推动的服务贸易发展，也为双边本币互换协议的签署与实施奠定了人民币流动性、贸易和投资便利化的需求基础。

五、出境旅游发展的逐步成熟催生市场结构变化

2016年全国旅行社组织的出境旅游人数超过5000万人次，以跟团旅游为主，在1.22亿人次出境游客中占比达40%。出境自由行规模超过7000万人次，占六成。在出境旅游时，我国游客依然偏好跟团游，特别是二三四线城市和地区的游客。但总体而言，越来越多的游客选择自由行。即使是跟团游，选择半自助游、私家团也成为趋势，说明中国游客不再满足于固定的路线与行程，对于弹性时间的要求正在增加。调研数据与携程旅行网的数据表明，女性比男性更爱走出国门。同时，与其财富、体力相匹配，70、80后依然是出境游的中坚力量。但越来越多的90、00后，以及时间最充裕的银发族加入出境游的队伍。长期以来，上海、北京、广州、深圳一直作为我国四大出境口岸，但近年来，随着国际航班、签证中心的新增，"新一线"城市出境游客的增长速度较快，不仅在线出境游客人数增长最高超过100%（携程旅行网数据），他们的消费能力也已经比肩一线城市。2016年排名前20位的出境旅游出发城市中包括了16个

出境游"新一线"城市：上海、北京、深圳、广州、杭州、成都、南京、天津、武汉、重庆、厦门、西安、长沙、昆明、青岛、沈阳、宁波、郑州、南宁、大连。这部分城市每年的出境旅游人次都达到100万~200万人次。而出境旅游人数增长速度最快的前10名城市分别为珠海、南宁、合肥、郑州、长春、昆明、深圳、青岛、重庆、西安。

六、多元化出境旅游需求推动产品供给的多样化

受国内雾霾、空气污染以及国人度假需求上升影响，空气质量和自然环境成为我国游客选择目的地的重要因素。空气清新、阳光灿烂的海岛越来越受到中国游客的青睐。从携程度假的订单看，海岛游占出境游总人数的30%，2016年十大人气海岛包括：普吉岛、巴厘岛、济州岛、冲绳、长滩岛、马尔代夫、沙巴、芽庄、塞班岛、斯里兰卡。亲子游也成为重要旅游产品。另根据携程境外门票预订数据，2016年度全球十大热门景区包括香港迪士尼乐园、香港海洋公园、新加坡环球影城、伦敦眼、洛杉矶环球影城、大阪环球影城、东京迪士尼、台湾101、乐天世界、迪拜哈利法塔景点。中国游客对各国文化艺术类旅游产品的喜好也日益明显。根据携程当地玩乐预订数据，2016年最受中国游客欢迎的全球博物馆中，纽约大都会艺术博物馆、巴黎卢浮宫、梵蒂冈博物馆、伦敦大英博物馆、乌菲兹美术馆、垦丁海洋生物博物馆、迪拜博物馆、济州泰迪熊博物馆、济州PLAY K-POP博物馆、华盛顿航空航天博物馆等排名领先。境外医疗成为中国游客的新选择。2016年通过携程报名参加出境体检等医疗旅游的人数是上一年的5倍，人均订单费用超过5万元。根据网上预订与浏览数据，海外医疗旅游最受欢迎的10大目的地国家和地区是：日本、韩国、美国、中国台湾、德国、新加坡、马来西亚、瑞士、泰国和印度。

第一章
2016年中国出境旅游总体状况

第一节　规模与消费

一、出境旅游市场规模与增长情况

2016年我国出境旅游市场保持增长势头，全年出境旅游人数达到 1.22 亿人次（见图 1-1），相比 2015 年同比增长 4.3%，相比前几年 20% 上下的高速增长，涨幅明显趋缓（见图 1-2）。从月份数据看，除了 2 月份，其他月份出游人数同比均有增长（见图 1-3）。出游季节变化和 2015 年类似。由于假期等因素影响，出游季节性变化明显，高峰集中。7月、8月和春节依然是出游的旺季（见图 1-4）。2016 年我国出境旅游目的地前十名如图 1-5 所示。

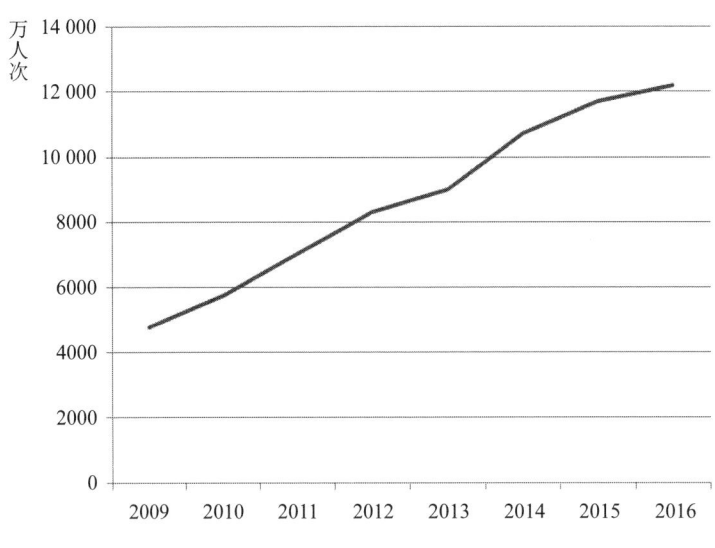

图 1-1　我国历年出境旅游人次

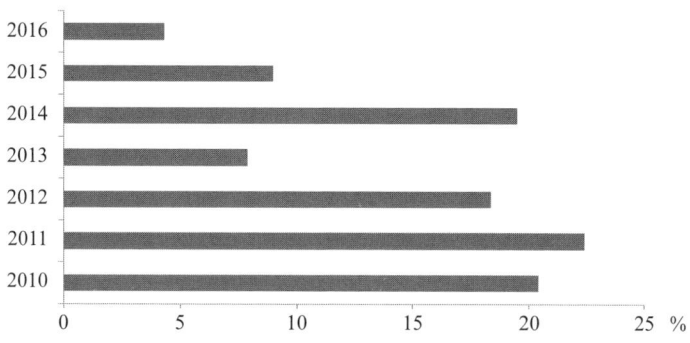

图 1-2 我国历年出境旅游人次增长率

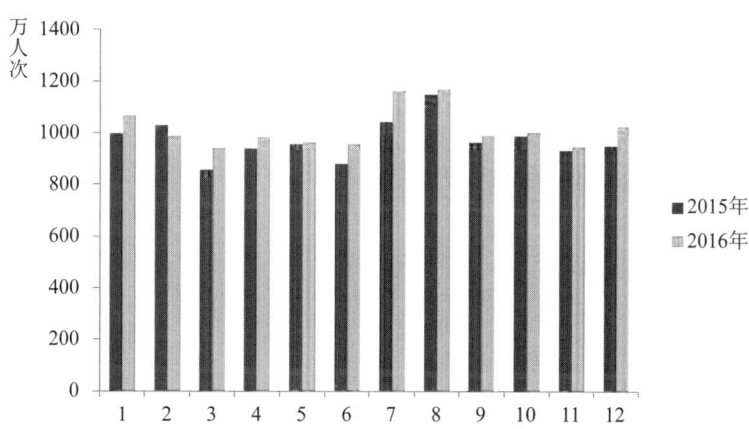

图 1-3 2015 和 2016 年我国出境旅游人次对比

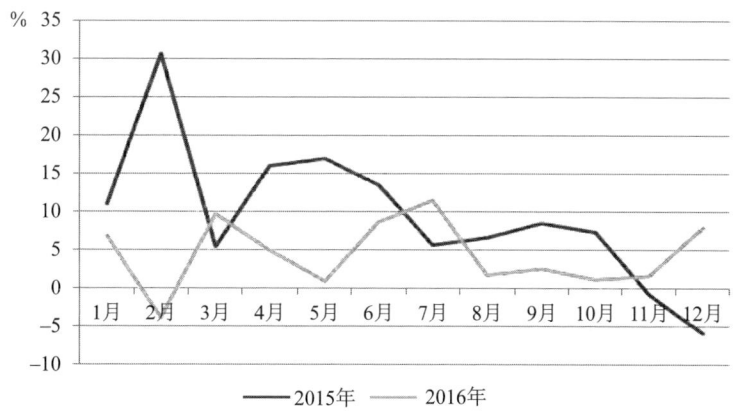

图 1-4 2015 和 2016 年我国出境旅游增长率对比

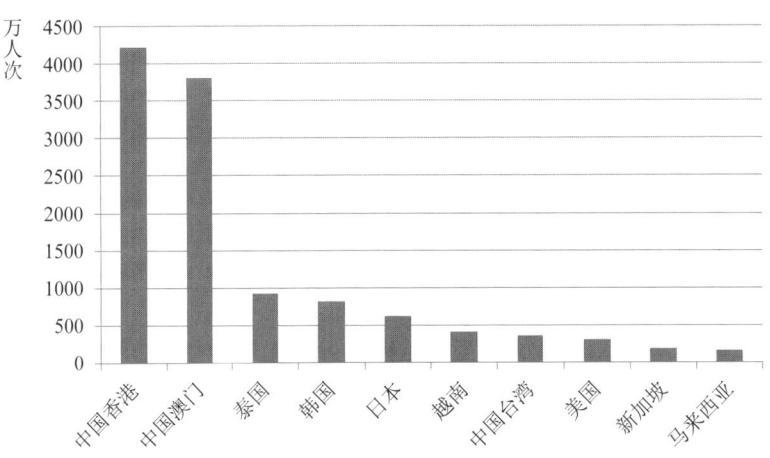

图 1-5　2016 年我国出境旅游目的地前十名

二、出境旅游消费规模与增长情况

我国出境旅游花费保持增长的势头。根据调整后的数据，2015 年我国出境旅游花费 1045 亿美元，2016 年达到 1098 亿美元，同比增长 5.07%。尽管我国出境旅游花费保持增长，但增速减缓。

第二节　流量与流向

一、中国出国旅游市场规模与增长情况

2016 年我国出国旅游市场规模持续增长，出国游客数量达到 3812.67 万人次，较 2015 年同比增长 22.96%。值得注意的是，尽管世界经济环境没有根本好转，但是中国游客出境旅游的热情却没有消减。较背景相似的 2011 年和 2013 年，这种动力不减且依然增长的势头就更值得注意。这说明我国出境旅游已然成为大众的生活习惯，出境旅游市场的基础更加扎实。从出境旅游人数的月度数据来看，高峰期主要集中在春节期间和 7、8 月份，下半年的出国旅游人次从整体上看较上半年规模更大。

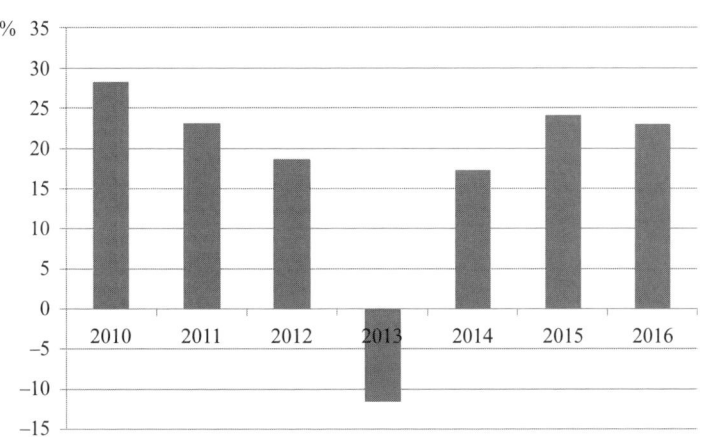

图 1-6　2010—2016 年我国出国旅游同比增长率

二、内地（大陆）赴港澳台市场规模与增长情况

2016 年内地（大陆）赴港澳台旅游人数达到 8390.13 万人次，比 2015 年同期下降了 2.3%。尽管风波频仍，香港接待内地游客全年下降了 5.5%，但仍是最主要目的地（见图 1-7）。2016 年澳门接待内地游客增长 3%。台湾接待大陆游客人数下降了 14.7%（见图 1-8）。

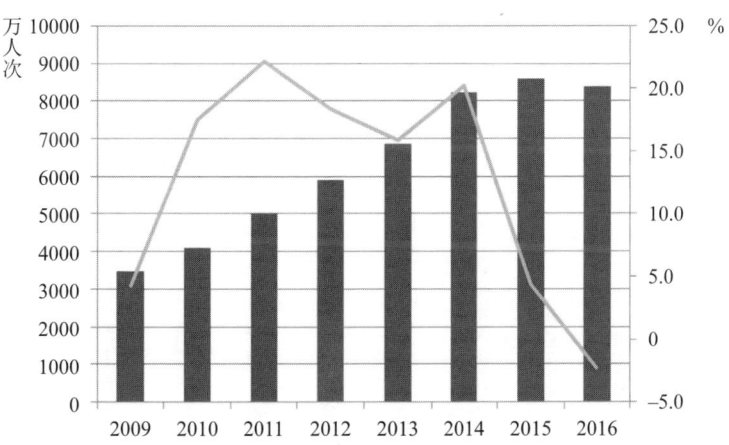

图 1-7　2009—2016 年我国内地（大陆）赴港澳台旅游总人次和年增长率

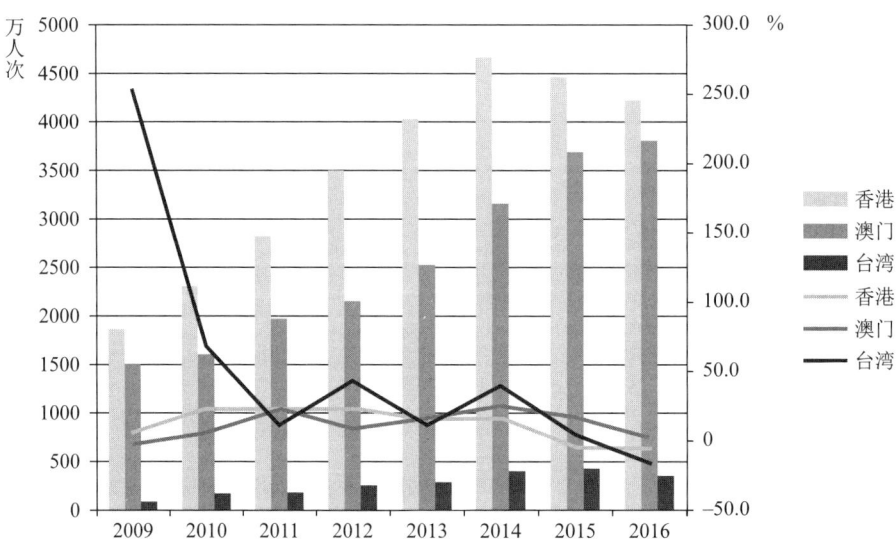

图 1-8　2009—2016 年分别赴港澳台旅游人次和增长率

三、出国与赴港澳台市场比较

2016 赴港澳台游客为 8390.13 万人次，占据我国出境游总数的 68.76%。

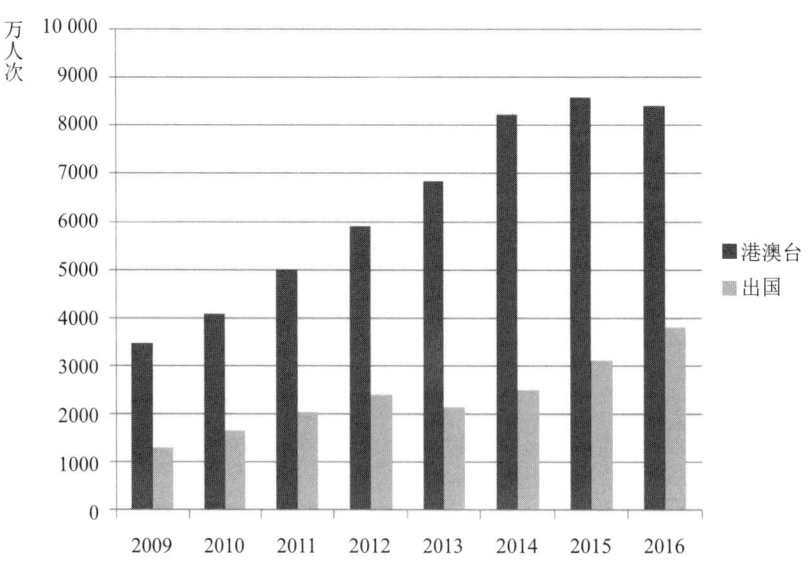

图 1-9　2009—2016 年我国出国旅游人次与赴港澳台旅游人次比较

四、2016年主要出境目的地数量与份额

2016年我国出境旅游目的地依然以近程目的地为主,港澳台是最主要的目的地。除此之外,2016年我国游客赴不含港澳台的其他亚洲国家或地区旅游达到3863.87万人次,继续在洲际目的地上占据首位,所占比例为74.8%,亚洲之后依次为欧洲(9.9%)、美洲(7.7%)、大洋洲(3.6%)、非洲(2.2%)和其他地区(1.8%)。赴大洋洲游客增长迅猛,同比增长25.4%。2016年赴非洲游客人次减少,同比减少2.1%。赴欧洲游客增长速度下降明显,同比增长速度由2015年的23.8%降至2016年的6.3%。

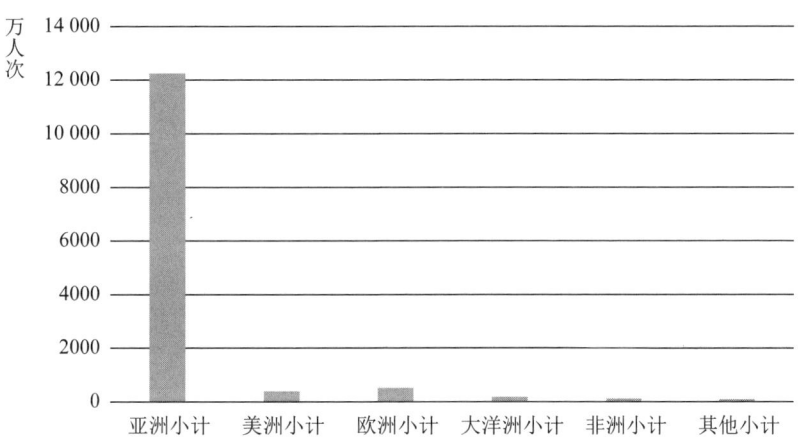

图1-10 2016年我国出境游洲际市场数量

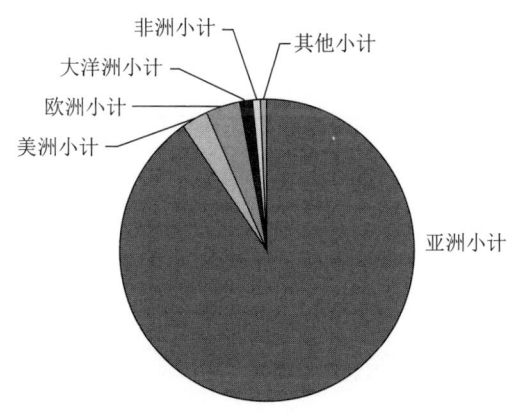

图1-11 2016年我国出境游洲际市场份额

2016年，中国（内地）出境旅游目的地前两位是中国香港和中国澳门，分别占比34.59%和31.20%。香港份额明显下降，澳门份额略有下降。在出国旅游目的地中，泰国、韩国、日本、越南、美国、新加坡、马来西亚、俄罗斯、印度尼西亚、澳大利亚是前十位目的地。其中赴柬埔寨、菲律宾的同比增长率高达74.5%和55.9%，赴马来西亚旅游的规模较2015年同比增长52.9%。

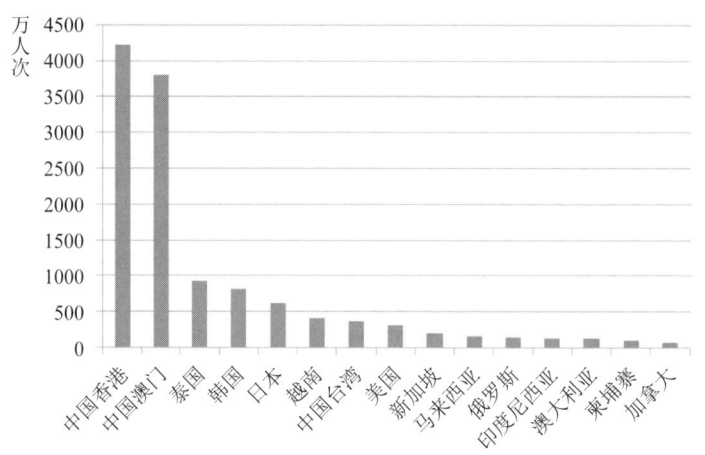

图1-12　2016年我国主要出境旅游目的地游客数据排名（前15位）

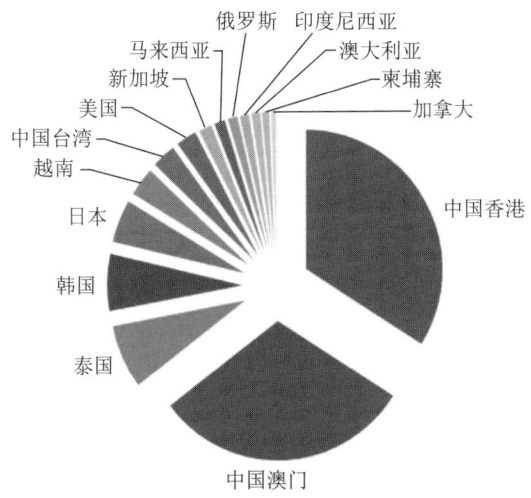

图1-13　2016年主要出境旅游目的地接待中国游客市场份额（前15位）

第三节　影响因素

2016年中国出境游的变化情况，可以从客源地、目的地、客源地与目的地之间的交互作用三个维度来进行分析。

一、客源地维度

在客源地市场对目的地的选择上，除了签证便利度等因素的影响之外，客源地的国民收入水平的变化在很大程度上影响着他们对目的地的选择。2016年中国大陆游客出境游的旅游目的地以亚洲周边国家和地区为主；同时根据携程的数据显示，港澳台地区不再是出境游的首选，而距离更远的泰国、韩国、日本、新加坡等地在2016年受到更多游客的青睐。

（一）总体经济数据

1. 全国国内生产总值和人均国内生产总值

根据国家统计局的数据，2016年全年国内生产总值为744 127亿元，按可比价格计算，比上年增长6.7%，其中一季度同比增长6.7%，二季度增长6.7%，三季度增长6.7%，四季度增长6.8%（见图1-14）。虽然与2015年同季度相比，增长速度有所减缓，但相对于世界银行预测的全球增速2.4%而言，6.7%依然是较大增幅。按2010年美元不变价计算，2016年中国经济增长对世界经济增长的贡献率达到33.2%，仍居首位，依旧是世界经济增长的第一引擎。

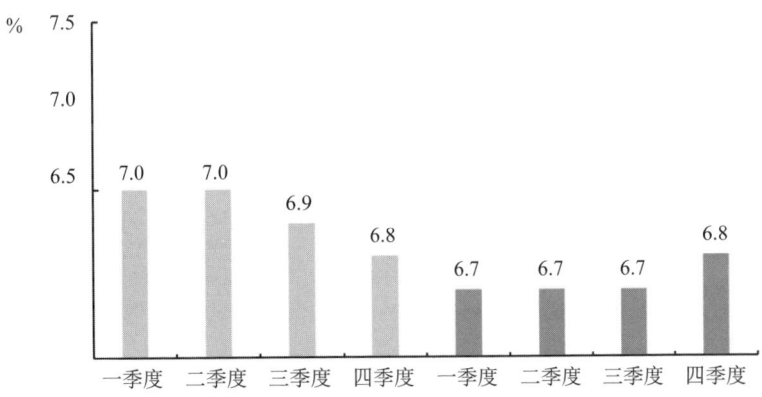

图1-14　国内生产总值增长率（2015年和2016年季度同比）

资料来源：国家统计局官网

人均GDP达到上万美元标志着经济社会的整体发展达到中等发达国家水平。2016年，有9个省市的人均GDP超过了1万美元，其中天津、北京和上海的人均GDP居全国前三位（见图1-15）。

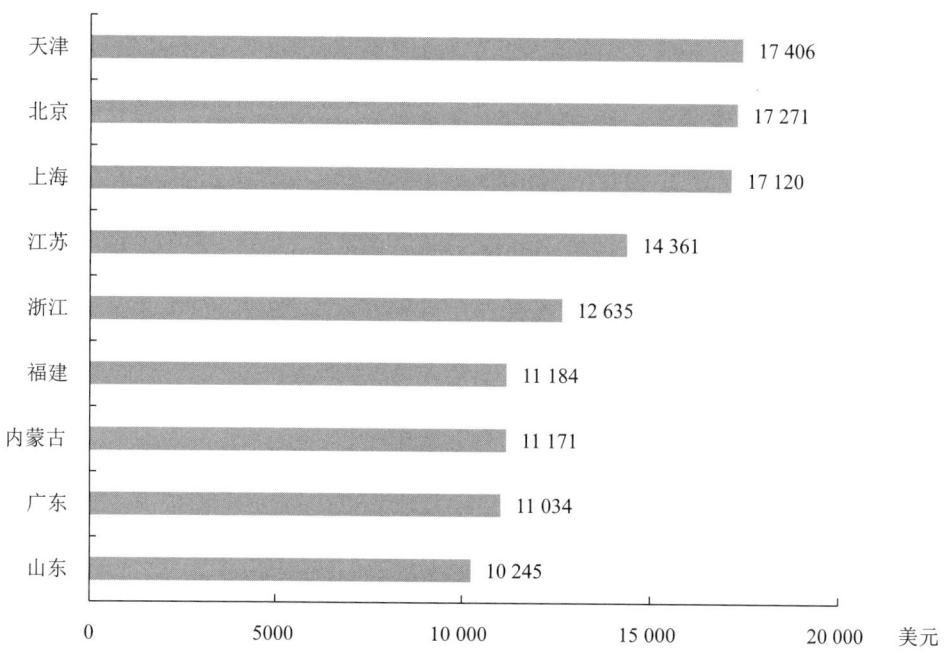

图1-15　2016年人均GDP超过1万美元的省（区、市）

资料来源：根据各地统计局资料整理

2. 人均可支配收入及人均消费支出

由于各地的产业结构存在差异，人均GDP并不直接等同于居民的可支配收入，因此一些地方的人均GDP很高，但是人均可支配收入可能并没有那么高。2016年全年全国居民人均可支配收入23 821元，比上年名义增长8.4%（见图1-16），扣除价格因素实际增长6.3%。按常住地分，2016年我国城镇居民人均可支配收入33 616元，增长7.8%，扣除价格因素实际增长5.6%；农村居民人均可支配收入12 363元，增长8.2%，扣除价格因素实际增长6.2%。城乡居民人均收入倍差2.72，比上年缩小0.01。

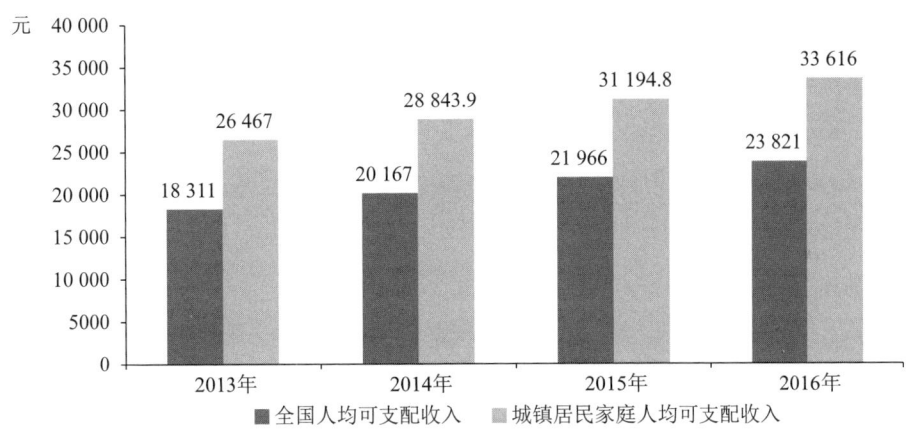

图 1-16 历年人均可支配收入

资料来源：根据各地统计局资料整理

从地方层面看，2016年居民人均可支配收入排名前十位的分别是上海、北京、浙江、天津、江苏、广东、福建、辽宁、山东和内蒙古（见图1-17）；同时2016年全国人均消费支出前十名分别是上海、北京、天津、浙江、广东、江苏、福建、辽宁、内蒙古和重庆（见图1-18）。对比可支配收入和消费支出可以发现，总体上呈现"挣得多花得也多"的趋势，只有山东例外，山东在可支配收入中位列第九，在消费支出方面排在前十名以外。

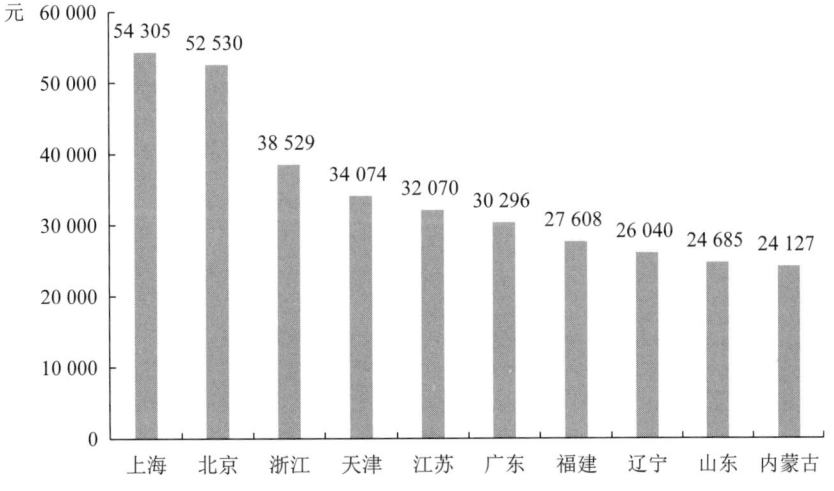

图 1-17 2016年人均可支配收入全国前十名

资料来源：根据各地统计局资料整理

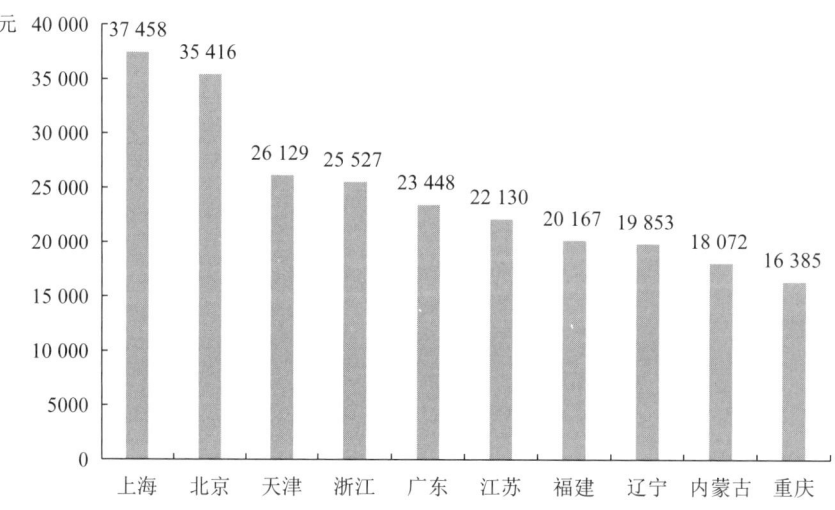

图1-18 2016年人均消费支出全国前十名

资料来源：根据各地统计局资料整理

（二）经济发展对出境旅游的推动作用明显

1. 自助和跟团出境游的主要客源地基本一致

对比2016年12月，天巡Skyscanner联合银联智惠共同发布的《出境自由行消费大数据分析白皮书》显示，2016年自由行出境的十大热门出发地分别是上海、北京、广州、成都、杭州、重庆、昆明、深圳、天津和厦门[①]。国家旅游局官网发布的2016年第一季度和第二季度团队出境游人次数排序的前十名分别是广东、北京、上海、辽宁、浙江、山东、江苏、重庆、四川、福建、湖北、陕西、湖南、黑龙江、云南[②]。对比发现，自助出境游的城市所在地与跟团游出境省市大部分能匹配上，自助出境游里除了昆明所在的云南省和天津市不在跟团游排名前十的省市里，其他均与跟团出境游省市相重合。而跟团出境游里排名前十的省市中，辽宁和江苏没有城市位列自助游出境前十名，从一个方面说明，可能这两个省的出境游游客数量较多，但大多数还是选择跟团出境游，而其他前十名省市的出境游游客则跟团的和自助的都较多。

---

① 受限于数据获取，此处使用的是出发地数据。出发地可能未必是游客的常住地，但也有一定的重合度，能从一定程度上反映出大的分布趋势。

② 第三季度和第四季度数据官网尚未公布。

表 1-1　自助和跟团出境游排名

	自助行出境十大城市（及所在省）	跟团游出境十大省市
1	上海	广东
2	北京	北京
3	广州	上海
4	成都（四川）	辽宁
5	杭州（浙江）	浙江
6	重庆	山东
7	昆明（云南）	江苏
8	深圳（广东）	重庆
9	天津	四川
10	厦门（福建）	福建

2. 经济发达省市是主要的客源地

将人均GDP、可支配收入、消费支出与自助出境游城市进行对比，从这4组数据可以看出，在热门出发地和人均GDP的对比中，十大自助出境游热门出发地有7个城市都隶属于人均GDP前十位的省市。在热门出发地和人均可支配收入的对比中，十大热门出发地有7个城市都隶属于人均可支配收入前十位的省市。在热门出发地和人均消费支出的对比中，十大热门出发地有8个城市都来自于人均消费支出前十的省市。可见，总体的特点还是收入越高的地方支出越高，在出境游中的支出也越高。不过也有例外，江苏、辽宁、山东和内蒙古虽然都属于收入或支出的全国前十，但并不是热门的出境游城市所在地。

大体上自由行出境游热门城市与人均GDP、人均可支配收入、人均消费支出前十省市的重合度比较高，只有个别城市例外，成都和昆明都属于所属省在人均GDP、人均可支配收入和人均消费支出的排名上并不靠前，但这两个城市的自助出境游排名是比较靠前的。重庆则属于人均GDP和人均可支配收入排名都不靠前，但人均消费支出和自助出境游的排名是靠前的。此外，江苏、辽宁和内蒙古在人均GDP、人均可支配收入、人均消费支出方面的排名都在全国前十名，但是这三个省份没有城市上榜全国前十的自助出境游热门城市。

表 1-2 自助出境游热门城市与其他经济指标的对比

自助出境游热门城市	隶属于人均GDP前十省市	隶属于人均可支配收入前十省市	隶属于人均消费支出前十省市
上海	√	√	√
北京	√	√	√
广州	√	√	√
成都			
杭州	√	√	√
重庆			√
昆明			
深圳	√	√	√
天津	√	√	√
厦门	√	√	√

资料来源：根据各地统计局资料整理。

继续对比人均GDP、可支配收入、消费支出与跟团出境游省市之间的数据，在十大跟团出境游省市和人均GDP的对比中，十大跟团出境游省市中有7个省市也属于人均GDP前十位的省市。在十大跟团出境游省市和人均可支配收入的对比中，跟团出境游出发地有8个与人均可支配收入前十位的省市一致。在十大跟团出境游省市和人均消费支出的对比中，也有8个城市与人均消费支出前十的省市一致。很明显，与自由行出境游类似，跟团出境游的十大省市与人均GDP、人均可支配收入、人均消费支出前十省市的重合度也比较高。其中辽宁、山东和江苏的城市在自由行出境游中排名并不靠前，但在跟团出境游中排名比较靠前。而四川和重庆依然是收入方面排名并不靠前，但跟团出境游的排名比较靠前。

表 1-3 跟团出境游热门省市与其他经济指标的对比

跟团出境游十大省市	隶属于人均GDP前十省市	隶属于人均可支配收入前十省市	隶属于人均消费支出前十省市
广东	√	√	√
北京	√	√	√

续表

跟团出境游十大省市	隶属于人均GDP前十省市	隶属于人均可支配收入前十省市	隶属于人均消费支出前十省市
上海	√	√	√
辽宁		√	
浙江	√	√	√
山东	√	√	
江苏	√	√	√
重庆			√
四川			
福建	√	√	√

资料来源：根据国家旅游局网站和各地统计局网站资料整理。

（三）各地开展出境游业务的旅行社数量增多

截至2016年12月，我国正式开展组团业务的出境旅游目的地国家（地区）达到123家，其中2016年增加了马其顿、亚美尼亚、塞内加尔和哈萨克斯坦4处。根据中国外交部网站显示，截至2017年1月，有174个国家与我国建立了外交关系（见表1-4），已正式开展组团业务的中国出境旅游目的地国家（地区）占到了与我国建交国家的70.69%，出境旅游环境日益优化，境外目的地也逐渐重视保障中国游客的公正、公平待遇。

表1-4 历年新增的组团出境旅游目的地国家（地区）

年份	新增数量	目的地国家（地区）	开展业务情况
2010	6	朝鲜、密克罗尼西亚、乌兹别克斯坦、黎巴嫩、加拿大、塞尔维亚共和国	全面开展
2011	1	伊朗伊斯兰共和国	全面开展
2012	4	马达加斯加共和国、哥伦比亚共和国、萨摩亚独立国、喀麦隆共和国	全面开展
2013	1	卢旺达共和国	全面开展
2014	1	乌克兰	全面开展

续表

年份	新增数量	目的地国家（地区）	开展业务情况
2015	2	哥斯达黎加共和国、格鲁吉亚	全面开展
2016	4	马其顿、亚美尼亚、塞内加尔、哈萨克斯坦	全面开展

资料来源：根据国家旅游局网站整理。

根据国家旅游局网站的统计，2015年我国具有出境旅游业务资质的旅行社3231家，2016年增加到了3876家，增长率为19.96%。其中北京、广东、浙江、山东、辽宁和上海共计1968家，占到总数的50.8%。从下图可以看出，各地具有出境旅游业务资质的旅行社数量都在逐年增加，呈明显的上升趋势。全国具有出境游业务资质旅行社的扩容，与我国出境游的旺盛需求密切相关。

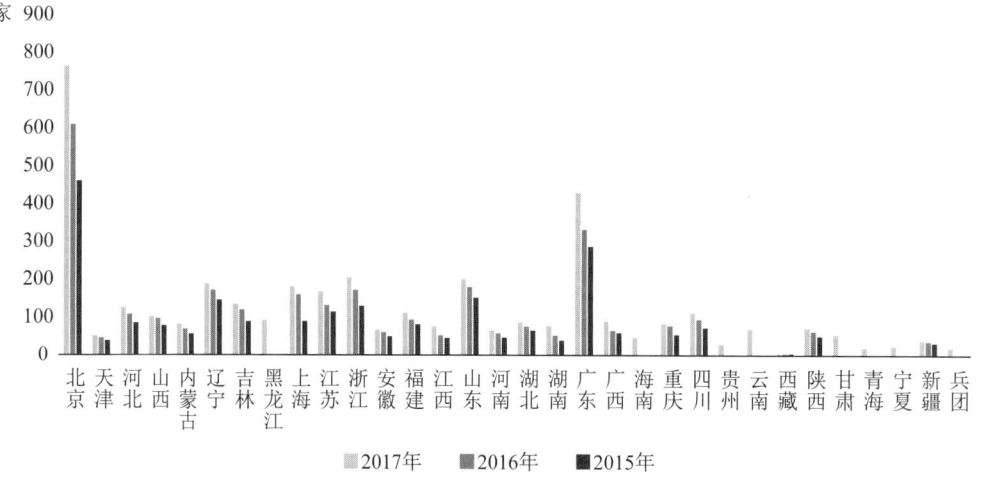

图1-19 历年各省份具有出境旅游经营资格的旅行社数量（部分地区数据有所缺失）

资料来源：根据国家旅游局网站资料整理

（四）国内旅游类运营商为游客出境提供了更多信息

2016年我国出境旅游人数达1.22亿人次，其中旅行社组织的出境旅游人数预计超过5000万人次，出境自由行规模超过7000万人次，具有明显的散客出游特征。不论是跟团游还是自助游游客，都开始习惯通过移动互联网了解目的地信息或者预订旅游产品。劲旅咨询发布的《2017年在线旅游目的地信息服务市场研究报告》显示，2016年在线旅游投资规模为924亿元[①]。国内各种旅游运营商的大力发展，积累了越来越多的活跃用户，尤其是80后、90后逐渐成为旅游消费的重要群体，他们更加偏好自由行的出境旅游方式，各种旅游APP为他们在行前预订、旅途游玩以及游后分享方面提供了很多便利。这些移动旅游运营商的发展也在一定程度上促进了出境游的发展。表1-5为国内部分主要的旅游类运营商，这些运营商旗下大多有数款旅游类APP，为游客借助移动互联网出游提供信息。

表1-5 国内部分旅游类运营商

运营商	APP数量	APP名称
去哪儿	6	去哪儿旅行、去哪儿兜行、去哪儿酒店、去哪儿旅图、去哪儿攻略、去哪儿当地
携程旅行网	5	携程旅行、携程学生旅行、携程攻略、携程特价酒店、携程旅游
同程旅游	5	同程旅游、非常酒店、非常机票、全国景点团购、温泉团购
途牛旅游网	3	途牛旅游、特价门票、途牛自驾
艺龙旅行网	2	艺龙旅行、艺龙酒店
深圳活力天汇科技有限公司	3	航班管家、鹰漠旅行、高铁管家
驴妈妈旅游网	1	驴妈妈旅游

资料来源：根据相关网站资料整理

二、目的地维度

（一）签证便利化激发了更多出游意愿

在选择出境游目的地的时候，签证申请也是中国出境游游客考虑较多的因素。根据外交部网站的信息，截至2016年11月24日，中国与128个国家（地区）签订了互免签证的协议，2016年新增的列表见表1-6。在这128个国家（地区）中，免签证9个国家（比2015年增加了3个）：巴哈马、厄瓜多尔、斐济、

[①] 资料来源：劲旅网. http://www.ctcnn.com/html/yb/2017-03-29/18252350.html

格林纳达、毛里求斯、圣马力诺共和国、塞舌尔、塞尔维亚、汤加。单方面允许中国公民免签入境国家或地区增加至16个（比2015年增加了4个）：阿联酋、印度尼西亚、韩国（济州岛等地）、摩洛哥、法属留尼汪、突尼斯、安提瓜和巴布达、海地、南乔治亚和南桑威奇群岛（英国海外领地）、圣基茨和尼维斯、特克斯和凯科斯群岛（英国海外领地）、牙买加、多米尼克、美属北马里亚纳群岛（塞班岛等）、萨摩亚、法属波利尼西亚。单方面允许中国公民办理落地签证国家和地区37个（比2015年增加了3个）：阿塞拜疆、巴林、东帝汶、印度尼西亚、老挝、黎巴嫩、马尔代夫、缅甸、尼泊尔、斯里兰卡、泰国、土库曼斯坦、文莱、伊朗、亚美尼亚、约旦、越南、柬埔寨、孟加拉国、埃及、多哥、佛得角、几内亚比绍、科摩罗、科特迪瓦、马达加斯加、马拉维、毛里塔尼亚、坦桑尼亚、乌干达、圭亚那、苏里南、圣赫勒拿（英国海外领地）、帕劳、图瓦卢、瓦努阿图、乌克兰。

表1-6 2016年生效的互免签证列表

序号	协议国	互免签证的证件类别	生效日期
1	阿联酋	外交、公务普通护照	2016.01.11
2	爱尔兰	欧盟通行证	2016.03.03
3	爱沙尼亚	外交护照、欧盟通行证	2016.03.03
4	奥地利	外交护照、欧盟通行证	2016.03.03
5	保加利亚	欧盟通行证	2016.03.03
6	比利时	外交护照、欧盟通行证	2016.03.03
7	波兰	欧盟通行证	2016.03.03
8	丹麦	外交护照、欧盟通行证	2016.03.03
9	德国	外交护照、欧盟通行证	2016.03.03
10	厄瓜多尔	普通护照	2016.08.18
11	法国	外交护照、欧盟通行证	2016.03.03
12	芬兰	外交护照、欧盟通行证	2016.03.03
13	荷兰	外交护照、欧盟通行证	2016.03.03
14	加蓬	外交、公务、公务普通护照	2016.02.05
15	捷克	外交护照、欧盟通行证	2016.03.03

续表

序号	协议国	互免签证的证件类别	生效日期
16	克罗地亚	欧盟通行证	2016.03.03
17	科摩罗	外交、公务、公务普通护照	2016.02.26
18	拉脱维亚	外交护照、欧盟通行证	2016.03.03
19	莱索托	中方外交、公务护照；莱方外交、官员护照	2016.08.24
20	利比里亚	外交护照	2016.02.10
21	立陶宛	欧盟通行证	2016.03.03
22	卢森堡	外交护照、欧盟通行证	2016.03.03
23	罗马尼亚	欧盟通行证	2016.03.03
24	马耳他	欧盟通行证	2016.03.03
25	莫桑比克	外交、公务护照	2016.05.14
26	南非	公务护照	2016.03.01
27	葡萄牙	外交护照、欧盟通行证	2016.03.03
28	瑞典	外交护照、欧盟通行证	2016.03.03
29	瑞士	外交护照	2016.01.29
30	塞浦路斯	欧盟通行证	2016.03.03
31	斯洛伐克	欧盟通行证	2016.03.03
32	斯洛文尼亚	欧盟通行证	2016.03.03
33	汤加	普通护照	2016.08.19
34	西班牙	外交护照、欧盟通行证	2016.03.03
35	希腊	外交护照、欧盟通行证	2016.03.03
36	匈牙利	欧盟通行证	2016.03.03
37	意大利	外交护照、欧盟通行证	2016.03.03
38	伊拉克	外交护照	2016.11.02
39	以色列	外交、公务护照	2016.01.17

资料来源：根据外交部网站资料整理

为了吸引更多的中国游客，2016年很多国家进一步放宽对中国居民的签证，简化签证手续，缩短办理时间，各国签证政策的变化频次明显提高。很多热门旅游目的地对中国开放免签或落地签，例如阿联酋、摩洛哥、乌克兰、厄瓜多尔、汤加等。携程出境游预订数据显示，随着签证的便利，这些旅游目的地游客增长速度多数超过100%。

表1-7　2016年签证变化情况

国家（地区）	签证政策	备注
厄瓜多尔	持有中国普通护照的公民，以旅游及相关活动为目的，或从事其他非营利活动，自首入境之日起至最终离境之日止，一年内累计停留不超过90天，免办签证。	2016年8月19日起
阿联酋	对持普通护的中国公民短期赴阿经商或旅游给予免签待遇，无须付费，最长可停留30天，并可按阿相关规定缴费延期一次（仅限一次），再停留30天。	2016年11月1日起
印度尼西亚	①持有效期6个月以上的护照及30天内返程或前往第三国的机票；②自雅加达、巴厘岛、棉兰、泗水、巴淡岛五个国际机场，或自SRI BINTAN PURA，BATAM CENTER，SEKUPANG，TANJUNG UBAN四个海港入境印尼，可享受免签政策，停留不超过30天。免签证政策仅适用于旅游目的，入境后不得延长或变更为其他居留许可。	印度尼西亚司法人权部2016年第17号条令发布
秘鲁	中国护照所有者持有效期六个月以上的美国、加拿大、英国及北爱尔兰、澳大利亚或申根签证，或在这些国家和地区有长期居留，可免签进入秘鲁进行旅行或商务活动，停留期限为180天。	2016年9月21日起
泰国	持公务普通护照和普通护照可申请办理落地签。需提供的材料：有效护照、签证申请表、照片、返程机票、财产证明。可在24个指定口岸办理落地签。停留期限为15天。	2016年12月1日—2017年2月28日期间，泰国签证费有减免
文莱	落地签可停留14天。该政策仅针对旅游目的人员，不适用工作、商务和就业目的。申请者需提供联程机票及酒店预订信息。	2016年5月23日起
以色列	以色列与中国已达成新的双边签证合作意向，以色列将给予商务或旅游为目的的中国公民10年多次往返签证的待遇，每次停留期不超过90天。	2016年3月28日起
乌克兰	对中国实施落地签，可停留15天，费用为2550格里夫纳（大约660元人民币）。	2016年10月1日起
摩洛哥	给予中国公民（持普通护照）免签待遇。中国公民自入境之日起，停留期不超过90天。	2016年6月1日起
突尼斯	对中国实行5人起免签政策，中国公民出境时只需提供有效期内的护照，往返机票以及突尼斯地接社提供的酒店预订单即可进入突尼斯境内，停留期限不超过两周。	2016年11月9日起

续表

国家（地区）	签证政策	备注
汤加	持有效中华人民共和国普通护照的公民和汤加王国持有效汤加王国普通护照的公民，在缔约另一方入境、出境或过境，自入境之日起不超过30日，免办签证。	2016年8月19日起
阿根廷	推出电子旅行授权系统（AVE），中国公民如持有由美国签发的B2签证或由欧洲任意申根国家所签发的有效申根签证，就可以直接上网申请阿根廷签证。	2016年9月1日起
尼泊尔	中国赴尼泊尔旅游公民免签证费待遇。	2016年1月起
日本	①访日的商务学者和文化人士，可以从5年签证延长到10年签证；②教育部指定75所高校本科和研究生，在校以及毕业三年内，申请签证政策放宽。	2016年10月17日起
韩国	放宽中国公民赴韩多次往返签证的年龄限制，由原先的60岁以上降低至55岁以上。一次入境签证的滞留期限由原来的30日延长至90日。	2016年1月28日起
英国	英国政府向中国公民推出全新两年访问签证，获得签证后可在有效期内多次访问英国。	2016年1月11日起

资料来源：根据相关网站资料整理

（二）境外支付全球化进程加快

过去很多年，中国游客出境游大部分是使用支持Visa、MasterCard等国际支付功能的国际信用卡，或者是在出境前兑换大量外币，这些方式明显都不够便捷。出境游的热潮也带动了境外支付方式的升级。

以中国银联为例，银联卡可以在境外1800万家商家和130万台ATM机上使用，用卡服务体系也持续完善。境外已有38个国家和地区推出银联退税服务，包括法国、德国、意大利、英国等31个欧洲国家，以及阿根廷、澳大利亚、新加坡、韩国、日本、马来西亚、中国台湾。在移动互联网潮流下，2016年7月6日，银联国际联合首批合作伙伴推出了"优计划"，这是银行卡组织推出的开放式跨境营销服务平台，利用地理围栏等新技术实现对跨境消费的定位服务、精准营销和立减优惠，提升客户的跨境消费服务体验。

与此同时，第三方支付平台的全球化力度也在明显加大。据不完全统计，国内有29家企业获得了跨境支付许可，区域主要集中在北京和上海。其中北京11家，上海8家，浙江3家，深圳3家，重庆1家，江苏1家，海南1家，成都1家。

表 1-8　获得跨境支付许可的企业

序号	公司名称	范围	地区
1	汇付天下	货物贸易、留学教育、航空机票及酒店住宿	上海
2	通联	货物贸易、留学教育、航空机票及酒店住宿	上海
3	银联电子支付	货物贸易、留学教育、航空机票及酒店住宿	上海
4	东方电子支付	货物贸易、留学教育、航空机票及酒店住宿	上海
5	快钱	货物贸易、留学教育、航空机票及酒店住宿	上海
6	盛付通	货物贸易、留学教育、航空机票及酒店住宿	上海
7	环迅支付	货物贸易、留学教育、航空机票及酒店住宿	上海
8	富友支付	货物贸易、留学教育、航空机票及酒店住宿	上海
9	财付通	货物贸易、留学教育、航空机票及酒店住宿	深圳
10	易极付	货物贸易、留学教育、航空机票及酒店住宿	重庆
11	钱宝科技	货物贸易、留学教育、航空机票及酒店住宿	深圳
12	支付宝	货物贸易、留学教育、航空机票及酒店住宿	杭州
13	贝付科技	货物贸易及留学教育	杭州
14	易宝支付	货物贸易、留学教育、航空机票、酒店住宿、国际运输、旅游服务、国际展览	北京
15	通融通（易宝支付）	货物贸易、留学教育、航空机票、酒店住宿、国际运输、旅游服务、国际展览	北京
16	钱贷宝	货物贸易、留学教育、航空机票及酒店住宿	北京
17	银盈通	货物贸易、航空机票及酒店住宿	北京
18	爱农驿站	货物贸易、留学教育、航空机票、酒店住宿、国际运输、旅游服务、国际会议、国际展览、软件服务	北京
19	首信易支付	货物贸易、留学教育、航空机票、酒店住宿、软件服务	北京
20	北京银联商务	货物贸易、留学教育及酒店住宿	北京
21	网银在线	货物贸易、留学教育、航空机票、酒店住宿	北京
22	拉卡拉	货物贸易、留学教育、航空机票、酒店住宿、旅游服务、国际展览	北京

续表

序号	公司名称	范围	地区
23	资和信	货物贸易、留学教育、航空机票及酒店住宿	北京
24	联动优势	货物贸易、留学教育、航空机票、酒店住宿、旅游服务、通信服务、国际运输及软件服务	北京
25	微信	货物贸易、留学教育、航空机票、酒店住宿、旅游服务	深圳
26	连连支付	货物贸易、留学教育、航空机票、酒店住宿及旅游服务	浙江
27	易付宝	货物贸易、留学教育、航空机票及酒店住宿	江苏
28	海南新生	货物贸易、留学教育、航空机票、酒店住宿、国际贸易物流、旅游服务、国际会议会展	海南
29	魔宝支付	货物贸易	四川

资料来源：根据相关网站资料整理

第三方支付平台在2016年也进行了大举措的建设工作，以覆盖面较广的支付宝和微信为例，两家公司都进行了多项海外布局。

2016年9月，支付宝宣布与慕尼黑机场、东京成田国际机场、大阪关西国际机场等10家国际机场达成合作，在上述机场购物可刷支付宝。同时支付宝还宣布启动"全球未来机场计划"，除了可用支付宝消费之外，还可以通过支付宝使用航班提醒、室内导航、一键叫电瓶车等服务。

微信支付业务覆盖港澳台、东南亚、欧美、西亚、澳大利亚的20多个国家和地区，2016年黄金周微信支付跨境消费笔数同比大涨755%。利用微信支付的方式，游客与很多商家的关系从单一的一次性购买关系，变成了有后续互动（如关注商家公众号）的长久客户关系。

三、客源地与目的地的相互关系

（一）汇率变化对出境游的影响程度有限

2015年12月31日至2016年12月19日，人民币兑美元汇率中间价由6.4936下降至6.9312，贬值约6.7%。2015年12月至2016年11月，人民币兑美元、欧元与日元的月度汇率分别贬值了6.0%、5.1%与19.4%，同期内国际清算银行计算的人民币名义有效与实际有效汇率均贬值了 6.6%。总体上，贬值是 2016 年人民币汇率的主要趋势（见图 1-20）。具体从出境游来看，各个目的地国家的游客量变化与汇率变化之间没有特别明显的对应关系，可能是因为大部分出境游都距离远、花费相对高，而且旅行时间较长，消费者会提前较长时间做出消费决策，所以当季的汇率变化对游客量影响作用并不是非常显著。但也有少数例外，比如英国脱欧使得人民币对英镑大幅升值，部分原本没有计划去英国旅游的游客催生了赴英旅游的愿望。携程旅行网表示，在英国宣布脱欧消息后，携程 APP 英国线路搜索量增长 200%，暑期英国订单成交量环比上涨 150%。

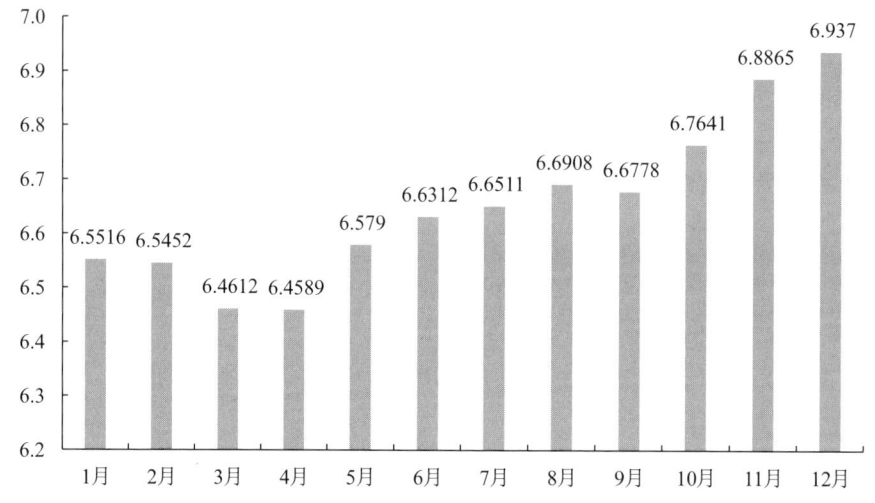

图 1-20　2016 年 1~12 月美元兑人民币汇率变化图

资料来源：中国人民银行网站，取每月最后一个交易日数据

图 1-21 到图 1-27 绘制了 2016 年各个季度汇率变化率与游客量变化率之间的折线图[①]，对部分出境旅游目的地的汇率变化率与游客量变化进行具体分析。

美元在四个季度的汇率分别为 6.519、6.556、6.673 和 6.863（人民币元/1美元），前三季度美元持续升值，而同时赴美游客量也在上升；到了第四季度，美元继续升值，游客量下降（见图 1-21）。

---

① 汇率资料来源于中国人民银行网站，每月采用最后一个交易日数据，季度数据为各月数据的均值。

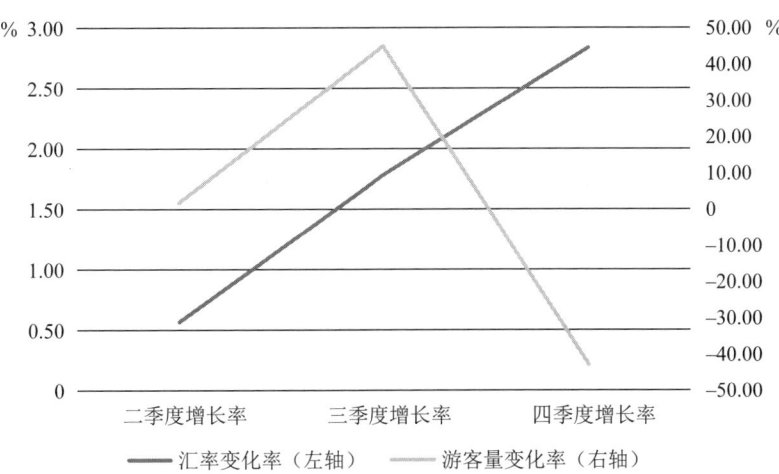

图 1-21　2016 年各季度美元汇率与赴美国游客量变化率图

欧元在四个季度的汇率分别为 7.218、7.350、7.440 和 7.358（人民币元/1 欧元），总体上前三个季度欧元升值，到第四季度有所下降，而赴德国的游客在前三个季度也在上升，而且上升幅度明显高于汇率变化幅度，到第四季度游客量下降（见图 1-22）。

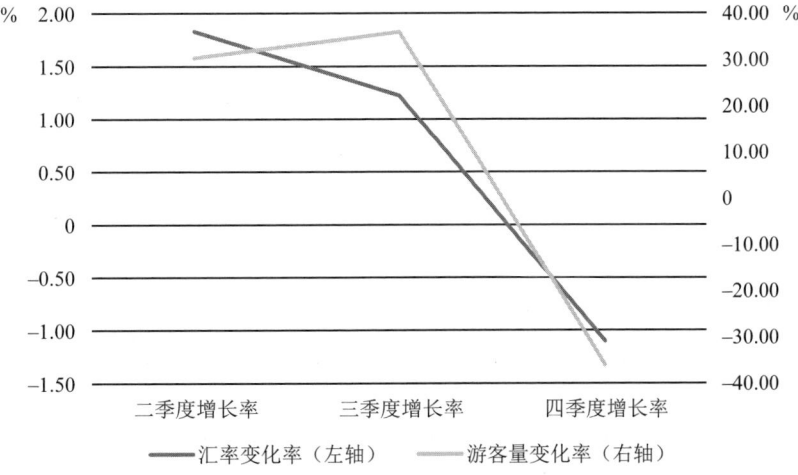

图 1-22　2016 年各季度欧元汇率与赴德国游客量变化率图

日元在四个季度的汇率分别为 5.678、6.121、6.487 和 6.185（人民币元/100 日元），总体上前三个季度日元升值，第四季度有所下降，而赴日本的游客量在前三个季度依然在上升，而且上升幅度明显高于汇率变化幅度，到第四季度游客量下降（见图1-23）。

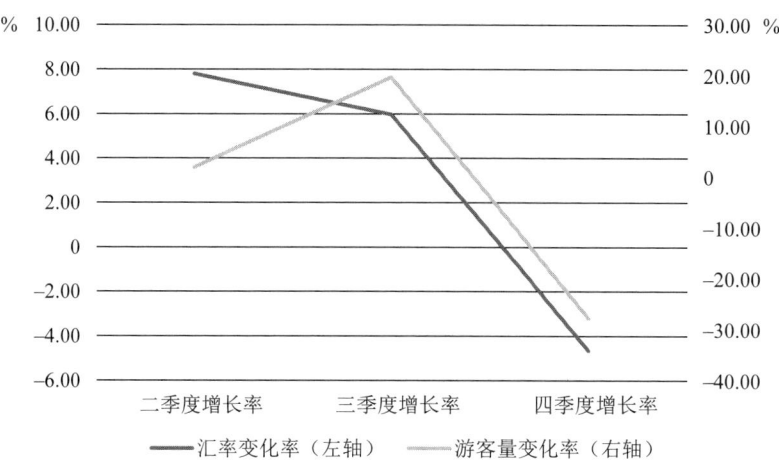

图1-23　2016年各季度日元汇率与赴日本游客量变化率图

俄罗斯卢布在四个季度的汇率分别为11.259、9.859、9.743和9.154（俄罗斯卢布/人民币1元），卢布持续升值，赴俄游客量在第二季度和第三季度变化率变化不大，到第四季度明显下降（见图1-24）。

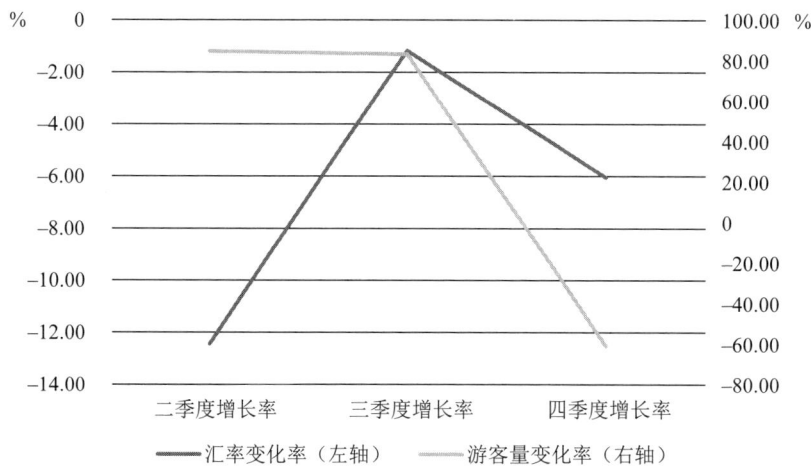

图1-24　2016年各季度俄罗斯卢布汇率与赴俄罗斯游客量变化率图

澳大利亚在四个季度的汇率分别为4.756、4.869、5.041和5.104（人民币元/1澳大利亚元），澳大利亚元持续升值，赴澳大利亚游客量在第二季度明显下降（降幅达41.78%），到第三季度有所上升，第四季度又下降（见图1-25）。

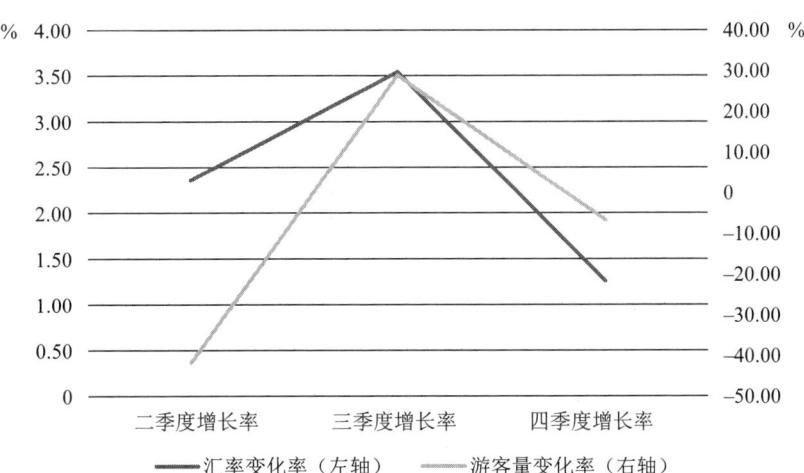

图1-25　2016年各季度澳大利亚元汇率与赴澳大利亚游客量变化率图

英镑在四个季度的汇率分别为9.279、9.326、8.720和8.456（人民币元/1英镑），第二季度英镑升值，第三季度人民币明显升值，第四季度稍有回落；赴英国游客量在第二季度上升，第三季度显著上升（上升幅度99.93%），第四季度下降（见图1-26）。

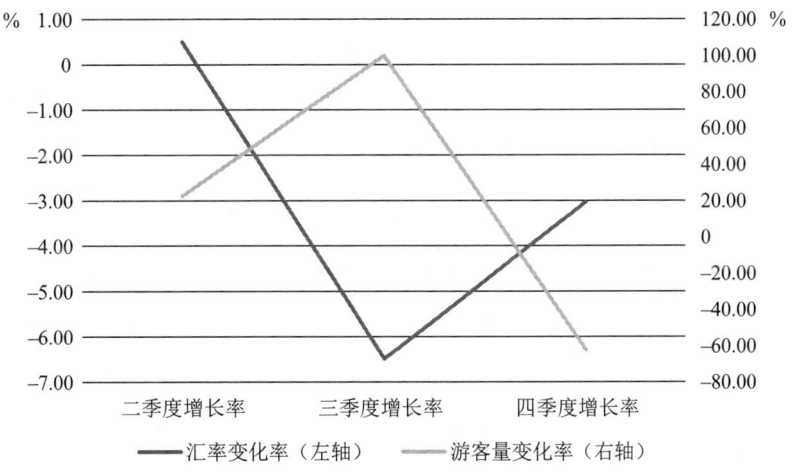

图1-26　2016年各季度英镑汇率与赴英国游客量变化率图

加拿大在四个季度的汇率分别为4.825、5.105、5.079、5.105（人民币元/1

加拿大元），第二季度上升，第三季度和第四季度相对平稳。赴加拿大游客量在第二季度小幅上升，第三季度明显上升（上升幅度63.01%），第四季度有所回落。

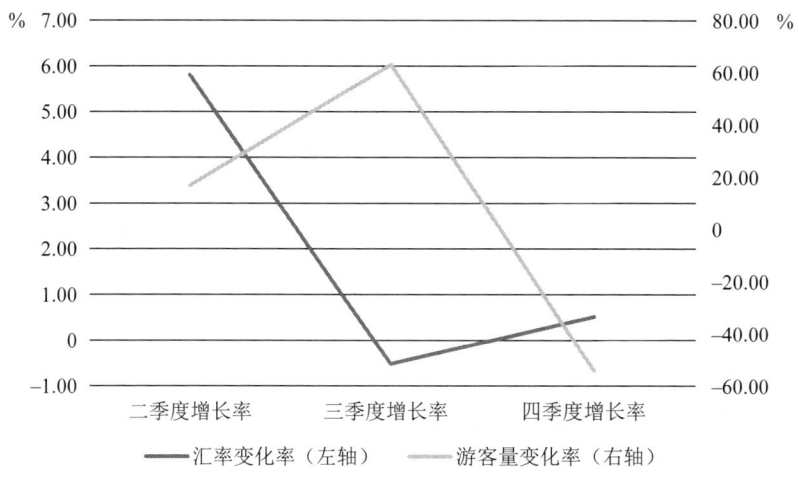

图1-27　2016年各季度加拿大元汇率与赴加拿大游客量变化率图

（二）新增航班航线扩展了出境旅游延伸空间

2016年我国国际航班总量为40.3万班次，同比增长13.6%，而国内航班总量为349.2万班次，同比增长9.1%。从增长速度来看，国际航班增长率明显高于国内航班，近年国际航线客运的增长多来源于我国旺盛的出境客流。国内和国外的航空公司都纷纷推出了新的航班和航线，跨境交通网络不断优化，表1-9为2016年部分新开的航线信息。

表1-9　2016年部分新开航班信息

航空公司	部分新增/新开/航线/航班	备注
南方航空	广州—多伦多	B77W执飞，每周3班
	广州—莫斯科	A333执飞，每周4班
	深圳—悉尼	A333执飞，每周3班
	广州—温哥华—墨西哥城	A332执飞，每周3班
	广州—乌鲁木齐—维也纳	A332执飞，每周3班
	广州—阿德莱德	A332执飞，每周3班

续表

航空公司	部分新增/新开/航线/航班	备注
国航	北京—蒙特利尔—哈瓦那	每周3班
	北京—苏黎世	A332执飞，每周3班
	北京—华沙	A332执飞，每周4班
	上海—圣何塞	A332执飞，每周3班
	成都—悉尼	A332执飞，每周3班
	深圳—法兰克福	A332执飞，每周3班
海南航空	北京—曼谷	B738执飞，每周4班
	北京—卡尔加里	A330/B787执飞，每周4班
	北京—拉斯维加斯	B787执飞，每周3班
	上海浦东—布鲁塞尔	A330/B787执飞，每周4班
	长沙—洛杉矶	B788执飞，每周2班
	北京—曼彻斯特	A333执飞，每周4班
	北京—拉斯维加斯	B787执飞，每周3班
	西安—悉尼	A332执飞，每周2班
	长沙—悉尼	A332执飞，每周2班
	西安—墨尔本	A332执飞，每周2班
	长沙—墨尔本	A332执飞，每周2班
	西安—深圳—奥克兰	A332执飞，每周3班
首都航空	沈阳—冲绳	A320执飞，每周2班
	济南—大阪	A320执飞，每周1班
	济南—静冈	A320执飞，每周2班
	杭州—函馆	A319/A320/A321执飞，每周2班
	杭州—青森	A319/A320/A321执飞，每周1班
	北京—伯明翰	A330执飞，每周1班
	杭州—伯明翰	A330执飞，每周1班
	青岛—墨尔本	A330执飞，每周3班

续表

航空公司	部分新增/新开/航线/航班	备注
首都航空	杭州—青岛—温哥华	A330执飞,每周3班
	杭州—成都—马德里	A332执飞,每周2班
	沈阳—青岛—墨尔本	A332执飞,每周3班
天津航空	天津—重庆—伦敦	A332执飞,每周2班
	天津—重庆—奥克兰	A332执飞,每周3班
	天津—莫斯科	A330执飞,每周1班
厦门航空	厦门—墨尔本	B788执飞,每周2班
	厦门—温哥华	B788执飞,每周3班
	厦门—深圳—西雅图	B788执飞,每周3班
四川航空	成都—济南—洛杉矶	A332执飞,每周2班
	成都—杭州—洛杉矶	A332执飞,每周2班
	成都—郑州—温哥华	A332执飞,每周2班
	成都—布拉格	A332执飞,每周2班
东方航空	上海—芝加哥	B77W执飞,每周7班
	上海—马德里	A332执飞,每周4班
	上海—布拉格	A332执飞,每周3班
	上海—阿姆斯特丹	A332执飞,每周3班
	上海—圣彼得堡	B763执飞,每周3班
	上海—布里斯班	A332执飞,每周3班
	昆明—悉尼	A332执飞,每周3班
	北京—杭州—悉尼	A332执飞,每周3班
	昆明—南京—温哥华	A332执飞,每周3班
	昆明—青岛—旧金山	A332执飞,每周3班
奥地利航空	上海—维也纳	波音777,每周7班
汉莎航空	上海—法兰克福	每日1班
	上海—慕尼黑	每日1班
	上海—维也纳	每日1班

续表

航空公司	部分新增/新开/航线/航班	备注
汉莎航空	上海—苏黎世	每日1班
	青岛—法兰克福	A340-300执飞，每周3班
	沈阳—法兰克福	A340-300执飞，每周3班
越南越捷航空	南宁—芽庄	A320执飞，每4天1班
西班牙航空	上海—马德里	A332执飞，每周3班
芬兰航空	广州—赫尔辛基	A333执飞，每周4班
美联航	西安—旧金山	B788执飞，每周3班
	杭州—旧金山	B789执飞，每周3班
	上海—旧金山	B789执飞，每周7班

资料来源：根据相关网站资料整理

（三）国际合作交流不断加强

2016年5月19日，由中国政府和联合国世界旅游组织共同成功主办的首届世界旅游发展大会，是"中国倡议、中国创意、中国主导"的一次重大主场旅游外交活动，来自107个国家和14个国际组织的代表出席大会，大会通过了《旅游促进发展北京宣言》并对外发布。2016年还成功举办"中美旅游年""中韩旅游年""中印旅游年""中墨旅游年""中国—中东欧旅游合作促进年"等各项活动。与埃及、哥斯达黎加、莫桑比克、汤加、柬埔寨等国家和地区举办200多场重点旅游交流合作，诸多国家元首出席了活动。中国旅游企业加强境外直采、旅游投资布局，丰富出境游产品。国家相关部门也在加强旅游执法，规范旅游市场经营，更好地保证游客权益。这些活动对于我国提升在世界旅游业中的国际话语主导权起到了非常积极的作用，也进一步激发了国内的出境游市场。

（四）港澳台不再是内地（大陆）游客长假出境游的首选

如前所述，在出境游目的地选择上，港澳台不再是首选，而是呈现短期化或出境中转站的发展态势，其中一个原因是其他国家或地区放宽了入境签证要求，与港澳台地区竞争内地（大陆）客源市场。2016年内地到香港旅游人数为4227万人次，相对2015年减少了358万人次。尽管内地赴港旅游人数持续下降，但内地市场仍是香港最大客源市场，对香港入境市场的平稳发展起到了支撑作用。但近年来香港少数人士的非理性行为和强迫购物等问题都导致了内地赴港人数下降。2016年大陆居民赴台旅游较2015年减少14.4%，为8年来首次下滑。台湾当局对大陆人赴台加强限制，影响了两岸交流氛围，也影响了大陆民众赴台热情和意愿。

（五）突发事件影响游客出游计划

突发恐怖事件会影响中国游客对境外旅游目的地的选择，并影响游客的出游信心。2016年突发事件频发，给一些境外旅游目的地入境游发展蒙上了阴影。主要的恐怖事件包括：1月，印度尼西亚首都使馆区发生恐怖袭击；土耳其伊斯坦布尔的主要旅游景点之一——苏丹艾哈迈德广场附近发生爆炸；布基纳法索首都瓦加杜古一家酒店发生恐怖袭击事件，多人遭劫持。2月，土耳其首都安卡拉市中心的红月广场附近发生汽车炸弹爆炸事件。3月，土耳其首都安卡拉发生汽车炸弹爆炸事件，距离上次袭击不到一个月；非洲科特迪瓦著名海滨度假城市大巴萨姆的多家饭店遭枪手袭击；比利时布鲁塞尔市郊的扎芬特姆机场和市内欧盟总部附近地铁站接连发生爆炸袭击。6月，伊斯坦布尔发生自杀式爆炸袭击；土耳其的阿塔图尔克国际机场发生爆炸。7月，孟加拉国首都达卡外交区的一家西班牙餐厅发生劫持人质事件，武装分子当晚杀害了20名人质；法国旅游城市尼斯发生卡车袭击；德国慕尼黑北部的奥林匹亚购物中心发生枪击案。12月，土耳其伊斯坦布尔发生两起爆炸袭击；约旦南部城市著名景点卡拉克城堡附近一处警察巡逻点遭到不明身份武装人员袭击。这些恐怖事件都使游客在选择目的地时有更多的担忧，有可能因此延迟或者取消去这些地方的出游计划。

第二章
客源地产出特征

第一节 中国客源地潜在出游能力

一、国内旅游出游潜力特征

以前五年相对成熟的旅游客源地潜在出游力研究为基础，沿用2012年的指标选择，并更新为2016年的数据，综合应用SPSS数据分析软件和ArcGIS空间分析软件，对2014年旅游客源地潜在出游力的区域分异特征进行系统解读。同时，本年度借助2015年"五一"小长假、"十一"黄金周和春节黄金周的游客出游统计情况，对客源地潜在出游力进行权重调整，使在社会经济统计指标基础上计算的客源地出游力更能反映游客的真实出游能力。

将各省（区、市）因子综合得分进行标准化处理，可以得出2016年全国31个省（区、市）的客源地潜在出游力得分，得分介于0~1之间，得分越高表明居民出游潜力越大，反之，得分越低表明居民出游潜力越小（见表2-1）。

表2-1 2016年各省（直辖市、自治区）客源地潜在出游力得分及排名

省（区、市）	潜在出游力得分	排名	省（区、市）	潜在出游力得分	排名
上海	1.0000	1	辽宁	0.4029	11
北京	0.9763	2	湖北	0.3901	12
广东	0.8456	3	河南	0.3634	13
江苏	0.7381	4	重庆	0.3412	14
浙江	0.7309	5	四川	0.3337	15
山东	0.6503	6	安徽	0.3212	16
天津	0.6135	7	陕西	0.3099	17
福建	0.5246	8	黑龙江	0.3086	18
河北	0.4983	9	山西	0.2952	19
湖南	0.4368	10	吉林	0.2906	20

续表

省（区、市）	潜在出游力得分	排名	省（区、市）	潜在出游力得分	排名
内蒙古	0.2889	21	新疆	0.1504	27
江西	0.2845	22	甘肃	0.0906	28
海南	0.2732	23	宁夏	0.0891	29
云南	0.2521	24	青海	0.0543	30
广西	0.2368	25	西藏	0.0000	31
贵州	0.2159	26			

（一）全国尺度总体呈现"6∶3∶1"市场结构

2016年，客源地潜在出游力地域空间形态，保持相对稳定的态势，整体依然呈现"三级阶梯状"，形成东、中、西三个空间分异；潜在出游力前十名的省份除湖南省外，全部分布在东部区域，东部省份中只有海南排在十名之外；潜在出游力排名在11~20位的省份，除西部省份重庆、四川、陕西、山西外，均为中部省份；潜在出游力后11位的省份，除了江西和海南之外，其他省份均分布在西部区域。这种"东中西"的分布格局与中国区域经济地带差异呈现出相似的空间分异格局，也与中国三大阶梯分界线大致吻合，而且多年来保持相对稳定的态势。各省（区、市）出游力从东到西仍然表现为"6∶3∶1"的比例分割形态，东部地区占63.4%、中部地区占23.9%、西北地区占12.7%。区域差异明显，从东部到西部，出游力表现为明显的衰减趋势。

（二）四大经济区为出游潜力最强地区

传统的四个旅游客流产地即以北京为中心的环渤海都市圈、以上海为中心的长江三角洲都市圈、以广州和深圳为中心的珠江三角洲都市圈以及西南的成渝城市群，仍然是我国高客流产出区域，累计53.1%的出游力集中在上述传统经济区和新兴都市圈。

（三）沿海经济发达省份为出游潜力最强区域

可将全国31个省（区、市）划分为5种潜在出游力类型：①出游力极强地区：上海、北京、广东、江苏、浙江、山东、天津；②出游力强地区：福建、河北、湖南、辽宁、湖北、河南；③出游力较强地区：重庆、四川、安徽、陕西、黑龙江、山西；④出游力一般地区：吉林、内蒙古、江西、海南、云南、广西、贵州；⑤出游力弱地区：新疆、甘肃、宁夏、青海、西藏。出游力较高地区主要分布于我国东部和中部，而出游力较低地区则主要分布于我国西部地区。

二、客源市场发展情况

（一）客源地出游力分布总体呈现东—西梯度递减格局

在经济增速放缓的背景下，2016年我国各大客源地的游客产出量仍然呈现出增长的态势。从区域分布角度来看，2016年我国客源地分布仍然呈现东、中、西三级阶梯状发展格局，出游比例为6∶3∶1。从全国范围来看，2016年我国客源地主要集中在环渤海、长三角、珠三角以及成渝四大经济区，其出游人次累计占全国出游总人次的53.1%。从省级层面来看，我国出游力排在前五的分别是北京、上海、广州、江苏、浙江五个发达省市。从客源地分布情况来看，一线及沿海发达城市仍然是国内旅游的主力军，主要是由于这些城市居民相对拥有更高的消费能力，并已经形成了较好的旅游习惯。沿海经济发达省份为出游潜力最强地区，而中西部地区的出游力仍然较弱。客源地出游力分布总体呈现东—中—西递减格局。

（二）城乡不同群体居民出游差异特征明显

从我国客源地城乡差异来看，2016年我国城镇居民国内出游人数28.20亿人次，农村居民国内出游人数11.88亿人次，城镇居民的出游总人次是农村居民出游总人次的2倍以上。2016年，中青年市场仍然是我国国内旅游市场主力，尤其是25~34岁年龄段的青年群体，出游人次达到11.07亿，为所有年龄段中出游人次数最高的阶层。从受教育程度情况看，2016年我国城镇居民出游者中，大专以上教育水平的出游者达到16.68亿，占所有城镇出游人数的59%，是当之无愧的出游主力军。农村居民出游者中，初中及以下教育水平的出游比重最大，出游人次数达到5.37亿，占到45.22%。

（三）西部地区爆发出强大的旅游消费潜力

2016年1~11月份，排名前十的客源地仍以东部沿海城市为主，但增长最快的客源地主要集中在西部地区，如云南、四川、青海、内蒙古、新疆等，表明西部地区已成为我国旅游消费市场的主力军，并将在2017年表现出更大的潜力。

表 2-2　2016 年 1~11 月排名前十客源地和增长最快客源地

2016 排名前十客源地	2016 增长最快的客源地
上海	天津
江苏	云南
北京	四川
广东	内蒙古
四川	青海
浙江	新疆
天津	海南
湖北	辽宁
辽宁	福建
山东	安徽

数据来源：途牛旅游网大数据（2016 年 1~11 月数据）

第二节　典型城市出境市场

一、北京市场

（一）出境旅游市场概况

1. 出境旅游增速放缓

从旅行社组织出境旅游情况来看，2016 年，北京市出境旅游市场增长显著放缓。2016 年，北京市拥有出境经营许可权的旅行社组织公民出境游 571.3 万人次，增长 7.2%，与上年 33% 的增速相比明显减缓。泰国、日本、韩国、法国和意大利是北京出境游的五大旅游目的地，其中前往泰国、日本、韩国的游客量较 2015 年为正向增长，而且前往这三国游客的绝对数量也明显多于其他国家和地区（见图 2-1）；前往法国和意大利的游客量较 2015 年有所下降。此外，前往港澳台地区旅游人数也呈现下降趋势，尤其前往台湾地区的游客下降幅度较大（见表 2-3），下降速率达 51.5%。

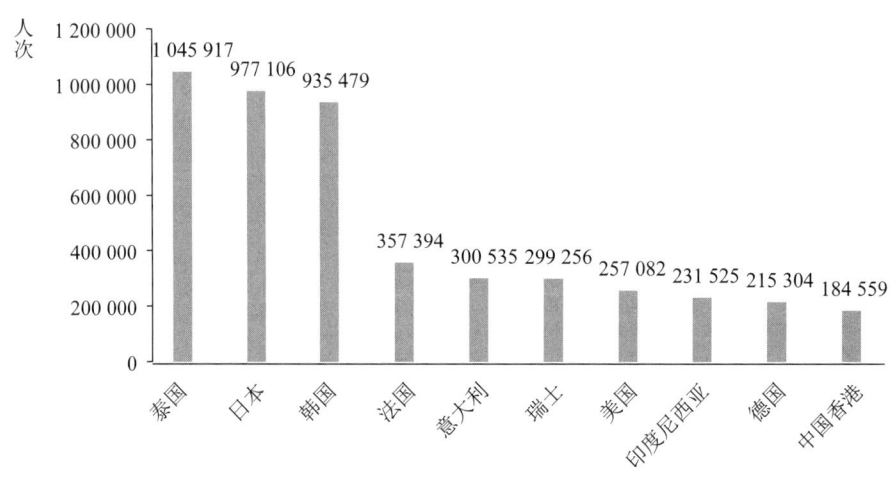

图 2-1 2016 年北京出境游前十旅游目的地

资料来源：根据北京市旅游发展委员会网站资料整理

表 2-3 2016 年北京部分出境游目的地旅游人数及同比增长率

旅游目的地	游客人次（万人次）	较 2015 年增速
泰国	105	+12%
日本	97.7	+8.9%
韩国	93.5	+37.5%
法国	35.7	−8.5%
意大利	30.1	−2.9%
中国香港地区	18.4	−14%
中国澳门地区	13.2	−12.7%
中国台湾地区	14.6	−51.5%

资料来源：根据北京市旅游发展委员会网站资料整理。

2. 第三季度是主要的出游高峰时段

由图 2-2 可以看出，北京出境游排在前十的旅游目的地，总体上呈现从第一季度到第二季度人数逐渐上升，至第三季度达到全年游客峰值的态势，第四季度回落。但是有三个旅游目的地例外，即日本、德国和印度尼西亚。这三个国家从第二季度开始就进入了高峰期,持续到第三季度,之后游客量开始下降。

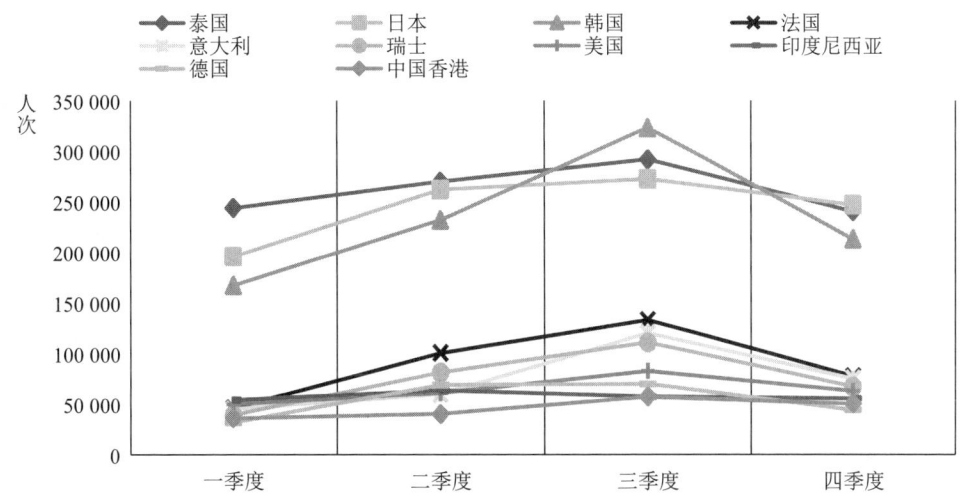

图 2-2　2016 年北京出境游前十旅游目的地四个季度游客量变化

资料来源:根据北京市旅游发展委员会网站资料整理

3. 出境游旅游目的地选择多元化趋势

从表 2-4 可以看出,2016 年北京出境旅游目的地中,游客增长率最高的是越南,达到了 114.6%。在增长率前十的旅游目的地中,既有距离我国较近的越南、菲律宾、印度尼西亚、韩国这些亚洲国家,也有距离相对较远的埃及、南非、葡萄牙、西班牙等非洲和欧洲的国家。说明北京游客的出境目的地的选择开始从周边国家和地区逐渐扩展到更远的旅游目的地。

表 2-4　2016 年北京出境游旅游目的地游客量增长率排名

旅游目的地	相比 2015 年增长率(%)	旅游人次
越南	114.6	142 366
埃及	95.6	50 420
菲律宾	81.1	45 792
南非	62.3	37 377
葡萄牙	49.4	26 693

续表

旅游目的地	相比2015年增长率（%）	旅游人次
西班牙	45.8	51 939
印度尼西亚	37.8	231 525
韩国	37.5	935 479
英国	27.9	82 182
加拿大	21	39 111

资料来源：根据北京市旅游发展委员会网站资料整理。

（二）出境旅游市场影响因素

1.较高的社会经济发展水平为居民出境游提供了经济保障

2016年北京市经济平稳健康发展，全年实现地区生产总值24 899.3亿元，按可比价格计算，比上年增长6.7%，与全国GDP增速相同。北京居民人均可支配收入52 530元，比上年增长8.4%，扣除价格因素，实际增长6.9%。其中，城镇居民人均可支配收入57 275元，增长8.4%；农村居民人均可支配收入22 310元，增长8.5%；扣除价格因素，城乡居民收入分别实际增长6.9%和7%。2016年北京的人均GDP、居民可支配收入和人均消费支出均位列全国第二位，北京居民的收入水平决定了有更多的支出可以用于出境游。

2.新增的国际航线为游客提供了更多选择

北京首都国际机场旅客吞吐量突破9000万人次，达到了9439.3万人次，同比增长约5%。国际航线的比例在20%~25%之间。2016年首都机场扩展通程国际航班范围，在夏秋季引入了4家航空公司，分别是泰国亚洲航空（长途）有限公司、塔吉克斯坦航空公司、威姆航空公司（俄罗斯）、玛纳斯航空公司（吉尔吉斯斯坦）；新增6条国际航线，包括塔吉克斯坦航空公司新开杜尚别航线，玛纳斯航空公司新开比什凯克航线，海航新开特拉维夫、曼彻斯特和卡尔加里3条航线，首都航空新开伯明翰航线。国际航班占整体航班比例环比增长了1个百分点。此外，各大航空公司也开辟了新的北京往返的国际航线，如：国航的北京—蒙特利尔—哈瓦那、北京—苏黎世；海航的北京—卡尔加里、北京—拉斯维加斯、北京—曼彻斯特；首都航空的北京—伯明翰；东方航空的北京—杭州—悉尼等。这些新的航班航线都为北京居民的出行提供了更多的选择和便利。

3. 具有出境游资格的旅行社数量增加

2016年北京有出境游资格的旅行社为764家，为全国数量最多，相比2015年增加了155家。具有出境游业务资质旅行社连年扩容，与北京居民旺盛的出境游需求密切相关。2016年5月，北京市旅游委出台《北京市中外合资旅行社开展出境旅游业务试点工作管理办法》，进一步放开在京符合条件的中外合资旅行社试点经营除台湾地区以外的出境旅游业务，即在北京市设立的中外合资旅行社，取得经营许可满两年，且未因侵害旅游者合法权益受到行政机关罚款以上处罚的，可以向北京市旅游发展委员会书面申请试点经营出境旅游业务。

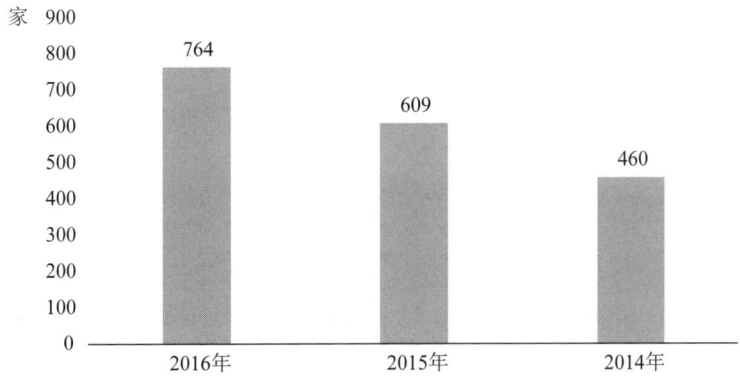

图2-3 北京具有出境游资格的旅行社数量

资料来源：根据北京市旅游发展委员会网站资料整理

4. 各境外旅游目的地加强了对北京市场的旅游产品推介

如前所述，从时间角度看，总体上北京市场的出境游人数表现为从第一季度开始上升，到了第三季度达到游客量的峰值。从旅游数据上也能看出这一趋势，2016年北京市场四个季度的出境游客人次分别为1 162 867、1 487 672、1 729 982和1 332 204人次。如果将第三季度的数据与第一季度的数据相对比，可以发现哪些目的地国家或地区在本年度的游客变化率是最大的。图2-4展示了2016年北京市场在第三季度（旺季）游客量增加率大于100%的几个国家，分别是俄罗斯联邦、英国、法国、瑞士、意大利、越南和德国。这些国家在2016年也对北京市场做了大量的推介工作，而且取得了明显的效果。

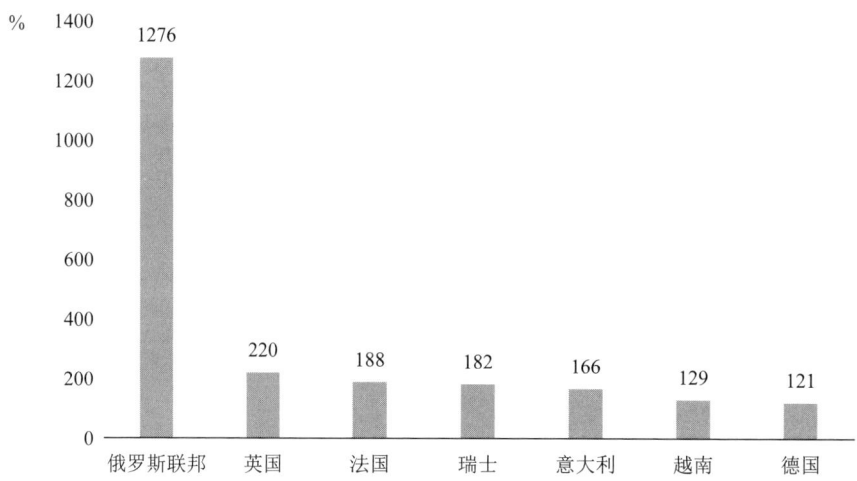

图 2-4 2016 年北京出境游第三季度比第一季度的增长率

资料来源：根据北京市旅游发展委员会网站资料整理

（1）俄罗斯

2016 年北京市场赴俄罗斯旅游三季度游客量相对一季度的涨幅为 1276%，第一季度为 8250 人次，第三季度为 113 522 人次，涨幅之大位居首位。近年来，俄罗斯对于深耕中国市场推出了一系列的举措。俄罗斯从 2014 年开始启动"友好中国"项目，引导全俄旅游服务设施适应中国游客需求，鼓励宾馆、餐厅、博物馆、购物中心、旅游和导游服务公司等相关企业参与"友好中国"认证，发展面向中国游客的定制化服务，为中国游客创造舒适的旅游环境。2015 年，俄罗斯联邦驻北京旅游官方代表处正式成立，并为中国游客推出了贝加尔湖茶之路路线、勘察加半岛路线、俄罗斯金环旅游及古罗斯名胜古迹旅游路线、红色旅游路线等旅游产品，在北京还会开展系列的旅游潜力推介会。此外汇率因素也影响了市场选择，例如 2016 年春节，卢布贬值使赴俄游性价比显著提升，不少北京市民选择去俄罗斯过新年。

（2）英国

2016 年北京市场赴英国旅游三季度游客量相对一季度的涨幅为 220%，第一季度为 10 236 人次，第三季度为 32 776 人次，涨幅位列第二。英国近年来也逐渐重视对中国市场的开发，2015 年底，英国旅游局带领当时最大规模的旅游行业代表团来北京进行推广，代表团内有英国 70 多家旅游行业供应商，包括酒店、零售商和旅行社等。2016年1月11日英国对华的全新两年访问签证开始试运行，在北京、上海、广州的签证中心提供休息室，减少等待时间，为申请人提供个性化的援助；在北京英国大使馆开设团队，辅助商务、旅游和教育的签证需求等政策的实施也吸引了更多北京居民前往英国旅游。同时2016年英国汇率的变化也进一步刺激了旅游市场。

（3）法国

2016年北京市场赴法国旅游三季度游客量相对一季度的涨幅为188%，第一季度为46 114人次，第三季度为132 986人次，涨幅位列第三。受尼斯袭击等事件的影响，2016年北京赴法国跟团游客相对2015年下降了14%，但仍有近36万。法国在北京等地举办了多次旅游主题推广分享会，法国旅游发展署协同法国航空公司、诺曼底大区、中央－卢瓦尔河谷大区旅游委员会及老佛爷百货向中国游客推广不同的主题旅游：浪漫法兰西蜜月之旅，法兰西文化遗产之旅，法兰西自然户外之旅，法兰西亲子家庭之旅和乐享购物。并采取了简化签证手续、简化中国游客支付手段、拨专款保障游客安全、加强安保等措施来增强游客的旅游信心。

（4）瑞士

2016年北京市场赴瑞士旅游三季度游客量相对一季度的涨幅为182%，第一季度为39 356人次，第三季度为110 835人次，涨幅位列第四。2016年瑞士国家旅游局向中国游客重点推介环游之路的"自然户外体验"和"城市文化艺术"主题，并邀请中国游客通过"瑞士环游火车之路"和"瑞士环游之路"两种形式深度体验瑞士的湖光山色。为了进一步推广瑞士旅游，瑞士国家旅游局找了国内当红艺人黄轩做旅游形象代言人，黄轩主演的电视剧《亲爱的翻译官》，开头的主要取景地就是瑞士。瑞士还通过缩短签证办理时间、印制中文版《瑞士冬季旅游指南》等方式吸引中国游客前往。

（5）意大利

2016年北京市场赴意大利旅游三季度游客量相对一季度的涨幅为166%，第一季度为45103人次，第三季度为120030人次，涨幅位列第五。2016年意大利在北京召开了一系列旅游推介会。2016年4月，意大利马尔凯大区旅游推介会在北京意大利驻华大使馆举行；2016年7月，意大利国家旅游局与北京市旅游协会联合召开了旅游推介会，推介会主题发言包括:《古老而时尚的意大利等你来》《意大利的签证政策》《时尚古国意大利的慢旅行方式》《旅行社如何为来意大利的游客提供更高品质的地面接待服务》等。

5. 北京市旅游委加大对旅行社出境游服务质量的监管

北京市旅游委按季度定期发布《北京地区旅行社服务质量投诉公告》，对合同违约、人身财产安全、服务质量等问题进行监管，并对涉及的旅行社名称及案件数量进行公布。2016年北京旅游委总计处理出境游投诉308起，涉及的问题主要是合同违约、人身财产安全和服务质量三类（见表2-5）。

表2-5　2016年北京旅游委处理境外游投诉数量

时间	一季度	二季度	三季度	四季度
数量（起）	53	92	102	61
涉及国家	泰国、印度、美国、日本、欧洲、韩国、印尼、俄罗斯、澳大利亚、越南	土耳其、泰国、日本、韩国、欧洲、美国、柬埔寨、俄罗斯、澳大利亚、马尔代夫	日本、韩国、泰国、马尔代夫、欧洲、美国	日本、韩国、泰国、马尔代夫、欧洲、美国
主要问题	游客出境担保金逾期迟退、未退问题，降低住宿档次和服务质量，出境领队和境外导游擅自增加自费项目和购物次数，减少旅游景点和旅游项目，行前解约、退团退款争议等问题。	旅行社违反合同约定，降低服务标准，出境领队和境外导游服务不达标，擅自增加自费项目和购物次数，减少旅游景点与合同中约定的旅游项目，由于第三方原因导致游客行前退团退费、合同争议、双方纠纷等问题。	旅行社提前解约、未履行相关义务、擅自变更行程、降低服务标准、增加购物次数、延长购物时间、增加自费项目等。	旅行社提前解约、未履行相关义务、旅游行程中发生危害到游客人身安全或意外伤害、擅自变更行程、降低服务标准、增加购物次数、延长购物时间、增加自费项目等。

资料来源：根据北京市旅游发展委员会网站资料整理。

二、上海市场

（一）市场概况

1. 出境游市场呈现快速增长趋势

上海良好的国际经济环境与不断提升的地区经济为出境旅游业务的开展提供了良好的物质基础。2016年1~12月上海出境游人次达到5 654 692人次，同比增长了43.60%，其中出国游和澳门游增长的比例最大，分别增长了57.33%和16.21%，香港游和台湾游减少的比例最大，分别减少了13.31%和20.07%。

表2-6　2016年1~12月上海市旅行社组织出境旅游人数（人次）

	人数（人次）	同比增长（%）
出境游人次数	5 654 692	43.60
出国游	561 2701	57.33
香港游	264 778	−13.31
澳门游	78 321	16.21
台湾游	135 580	−20.07

注：出境游人数按旅游者出境次数统计；出国、港澳台游人数按抵达目的地次数统计。

2. 境外租车市场大幅增长

随着上海居民出境游频次的增加，上海游客对出境游的形式和行程要求日趋多样化和个性化，加之中国驾照在世界范围内的使用率大幅提升，境外租车游成为不少上海游客出境游过程中的新选择。根据途牛旅游网监测数据显示，2016年上海市在境外租车城市热度排行中占据首位。在时间段选择上，上海游客的春节境外租车游热度最高，出国旅游过大年成为流行，其次为暑假、国庆节等时间较长的节假日；在租车时长的选择上，0~7天的用户占比为69%，8~15天仅占15%。报告显示，上海境外租车用户中有超过8成的用户选择结伴出游。随着二孩政策实行，亲子游进一步成为热点，超过30%的用户境外租车出游时选择带孩子一同前往。境外租车用户以男性为主，但女性用户人数在2016年持续增长，同比增长25%，由此可见，随着都市白领女性更加追求生活品质和放松休闲，上海女性游客出境自驾游成为彰显个性的优先选择项。从年龄段来看，80后占据了境外租车的绝对主力，占比为52%，其次为90后，占比为24%。这些人群具备较强经济实力、消费观念新潮，而且对外部世界充满探索欲并具备一定的冒险精神。

针对上海境外租车市场的巨大需求，许多境外租车平台也采取多样化的方式与中方企业合作，以获取更大的上海境外租车客源。交通银行就率先携手首个中文境外租车平台"租租车"在上海举行"交通银行租租车联名卡"首发仪式。双方建立了深度合作关系，并联合推出了"出境游＋金融"跨界联名信用卡。

（二）出境市场影响因素

1. 国际航空交通网络进一步完善

2016年，上海到维也纳、法兰克福、慕尼黑、苏黎世、札幌、阿姆斯特丹等航线进一步增加，凸显了上海作为华东地区出境游重要客源地与中转城市的地位。同时，华东地区的二三线城市航空区域枢纽功能得到进一步的完善，厦门、杭州、南昌、合肥等城市在原有的航线基础上又增加了许多新的国际航班，使得华东地区国际航空交通网络进一步丰富。2016年，华东地区43个机场国际航线累计完成旅客吞吐量4174.4万人次，同比增长19.1%。

表2-7　2016年上海开通的主要国际航线

申请开通公司	开通航线	具体情况	开航时间
奥地利国家航空公司	上海—维也纳	每日1班	2016年4月
汉莎航空集团	上海—法兰克福	每日1班	2016年5月
汉莎航空集团	上海—慕尼黑	每日1班	2016年5月
汉莎航空集团	上海—苏黎世	每日1班	2016年5月
海南航空公司	上海—布鲁塞尔	每周4班	2016年9月
东方航空公司	上海—阿姆斯特丹	每周4班	2016年4月
春秋航空公司	上海—伊尔库茨克	每周4班	2016年6月
吉祥航空公司	上海—札幌	每周3班	2016年6月
吉祥航空公司	上海—符拉迪沃斯托克	每周1班	2016年6月
中国国际航空	上海—圣何塞	每周3班	2016年6月

资料来源：根据国家民航局网站信息整理。

2. 出境方式日趋多元化，邮轮出境游火热

随着旅游业的发展以及居民收入的不断提升，上海居民在出境旅游的方式上也日趋多元化，除了采取传统的航空交通以外，邮轮出境游正不断成为上海游客选择的新兴旅游交通方式。根据上海出入境边防检查总站的消息，自2016年起在上海吴淞口国际邮轮港和上海港国际客运中心启用边检自助通关系统，持中国电子普通护照，且已在办证时留取指纹的旅客，乘母港邮轮免签出境时可选择自助查验通道出境，此举进一步激发了上海出境旅游市场活力。上海市

政府网上政务信息显示，2016年上海港入出境流量创下历史纪录，出入境邮轮客流量同比翻番。更值得一提的是，仅在2016年上半年，皇家加勒比邮轮、歌诗达邮轮、公主邮轮、天海邮轮以及地中海邮轮等五家公司就投入了9艘邮轮以上海为母港运营海上出境游航线，这些举措都对上海出境旅游产生了重要影响。

3. 护照含金量的提升以及外国对华签证政策的优化

截至2016年，持普通护照的中国公民免签或落地签目的地已达53个；与中国缔结各类免签协定的国家达到106个，中国护照的含金量进一步得到提升。与此同时，许多境外旅游目的地在2016年对中国进一步放宽签证政策。欧洲方面，英国向中国公民颁发两年多次入境访问签证；法国和西班牙签证时间从48小时至4天改为不超过48小时，且可以自由选择办签地点；中国国籍办理申根签证去芬兰且停留期不超过90天的申请人，可通过电话或网络预约并在签证申请中心递交申请材料，同时提供中国境内签证快递到家服务。中东地区方面，土耳其放宽了电子签证，持有普通护照的中国公民可以在网上直接申请土耳其单次入境电子签证。亚洲方面，日本放宽了中国高收入阶层的多次往返签证，有效期由一年延长至五年。此外，富裕阶层可申请从日本全国各地入境，无须再从4个指定口岸入境。韩国规定年龄在17岁以下、55岁以上及本科毕业或在读的中国公民可申请多次签证，多次签证最长有效期从五年延长至十年，每次允许停留期从30天延长至90天。而上海作为外国驻华领事馆最多的城市，共拥有72家领事馆，这给上海居民出境游申请签证方面带来巨大的便利。根据中国旅游研究院、携程旅行网联合发布的《2016"十一"旅游趋势报告与人气排行榜》显示，在被誉为史上最多免签国的黄金周期间，上海出境游的人数位列全国第一，充分证明了护照含金量的提升以及外国对华签证政策的优化在促进上海出境旅游方面的作用。

4. 上海市政府及旅游主管部门进一步加强出境旅游监管及治理工作

国内旅行社在组团出境游方面一直以来都存在旅行社资质不过关、出境游押金乱收取等问题，针对此种现象，上海市政府及旅游主管部门在2016年进一步规范出境旅行社的经营业务，严查出境游中强迫购物等违法行为，加大对出境旅游市场出现的虚假宣传、不签订旅游合同、不合理低价、违规拼团转团、强迫购物及经营非旅游目的地旅游业务等行为的查处力度。同时加强对出境游领队的管理，要求领队发挥好组织、协调、引导旅游团队的作用，及时处理好遇到的问题。上述措施使得上海的整体出境旅游环境良好，更易激发游客参与出境游的热情与信心。

三、成都市场

（一）市场概况

2016年全年，四川省旅行社组织出境游客总人数为183.6万人次，下降6.2%（见表2-8）。其中成都1~9月，旅行社共组织出境游客125.76万人次，同比增长3.35%。

2016年春节期间，成都人出国游总体形势改变不大，出国游人数最多的五个目的地就是新加坡、曼谷、普吉岛、首尔和芽庄，只有芽庄取代了去年的加德满都。春节期间，双流机场每天平均100架飞机中，就有3架进出成都，往返于成都和五个目的地的航班。

表2-8　2011—2016年四川省出境旅游人次

	2011年	2012年	2013年	2014年	2015年	2016年
出境旅游总人数（人次）	568 952	768 400	742 000	1 237 600	1 958 000	1 836 000
同比增长（%）	19.71	35.1	10.4	66.8	58.17	-6.2

（二）出境市场影响因素

1. 城乡居民收入稳步提升

2016年成都地区生产总值12 170.2亿元，比上年增长7.7%，全社会固定资产投资总额8370.5亿元，比上年增长14.3%；一般公共预算收入1175.4亿元，增长7.0%；社会消费品零售总额5647.4亿元，增长10.4%；成都市2016年城镇居民人均可支配收入35 902元，农民人均纯收入18 605元，分别增长8.1%和9.4%。

2. 国际大交通和区域小交通有机衔接，区域辐射力强

成都向来是西南交通枢纽，交通辐射力强。在国际航线方面，2016年，成都新开国际航线10条，截至2016年底，国际通航城市达78个，国际地区通航航线达95条。新开的10条国际航线分别为成都—琅勃拉邦—万象、成都—扬州—茨城、成都—布拉格、成都—苏梅岛、成都—马尼拉、成都—宿务、成

都—西哈努克、成都—悉尼、成都—马德里、成都—迪拜。目前，成都仍是我国中西部地区开通国际航线最多的城市，稳居中国内地"航空第四城"。2016年9月，作为继北京之后中国第二个城市——成都举办了第22届世界航线发展大会，这不仅继续巩固成都作为中国第四大航空枢纽和中西部航空门户枢纽的地位，也将推动成都机场新一轮的国际航线增设热潮，进一步推动成都出境旅游发展。

区域交通方面，成都继续保持铁路、公路的快速发展态势，交通网络日益频密，与国际大交通形成共振。2016年，成都铁路局实际发送旅客2800万人，同比增加近600万人。其中，2月13日（春运第21天）发送旅客94万人，较去年春运客流最高峰日增加19万人，创下历年春运日发送旅客之最；2016年1月10日起，"十一五"国家重点铁路建设项目成渝高铁日开行动车组列车达到32对；火车北站扩能改造，2015年12月29日启动，2016年进入全面开工的状态，预计2017年4月进入封闭施工状态。改造项目设南、北两个广场，新增4座旅客站台，8条旅客到发线；成都火车西站主体工程已经完工，作为成蒲铁路、川藏铁路的起点站，成都西站正式投运后，成都又将多一条出城的快速通道。成都三绕南段成自泸至成安渝路段将在2017年内正式通车，而剩余在眉山仁寿境内的路段也已经完成了土建工程，在进行路面铺装工作。成都三绕串联起沿线蒲江、崇州、中江、金堂、仁寿等14个区县，预计2020年底全部建成通车，跑完整个全程不到5小时，这些为居民选择出境旅游提供了极大的便利。

3. 签证办理日趋便利，出境证照流程持续简化

成都向来是西南对外交往中心，2016年成都新增瑞士领事馆，领事馆数量达到17家，继续保持国内"领事第三城"地位。2016年，成都新增17个国家的签证中心。外国驻成都领事馆，有美国、德国、韩国、泰国、新加坡、法国、巴基斯坦、斯里兰卡、以色列、波兰及捷克等11家开设了领事签证业务；有英国、爱尔兰、比利时、法国、德国、瑞士、意大利、希腊、荷兰、西班牙、葡萄牙、马耳他、奥地利、捷克、波兰、芬兰、丹麦、瑞典、拉脱维亚、立陶宛、克罗地亚、澳大利亚、新西兰和南非24个国家在成都设立签证申请中心。中国公民在成都可申办31个国家的签证。

2016年，成都进一步简化出境证照流程，推出多项便利服务。开始提供社保电子证明打印服务，申请人无须再前往社保大厅打印社保证明；对成都市签

发的普通护照、往来港澳通行证、往来台湾通行证有效期不足6个月的持证人，发送证件到期短信提醒；在成都市出入境接待中心，开通本市户籍居民（登记备案国家工作人员除外）持本市往来港澳通行证、台湾通行证申请旅游签注"立等可取"服务；在成都市出入境接待中心、各区（市）县公安局出入境办证大厅以及派出所出入境证件受理点，为部分老年群众及患有皮肤疾病的申请人提供指纹采集贴心服务；在成都市出入境接待中心、各区（市）县公安局出入境办证大厅以及派出所出入境证件受理点，免费发放电子版往来港澳通行证卡套；在成都市出入境接待中心以及锦江区、青羊区、武侯区、成华区、高新区公安分局外国人签证证件受理点，对申请有效期一年以上工作类居留许可的外国人免收取健康证明；办理因私出入境证件免费采集电子照片；全市新增135个派出所出入境受理点；新增卡式港澳通行证自助发证服务；联手中信银行共推公民出国配套服务。

四、重庆市场

（一）市场概况

根据《2016年重庆市旅游业统计公报》，2016年重庆新增出境旅行社12家，年末达到84家。通过旅行社组织的出境游客196.24万人次，同比增长7.7%。其中出国游增长最快，出国游人数达174.15万人次，增长9.9%；赴台游人数5.87万人次，增长2.5%；港澳游人数16.22万人次，下降10.4%。出境游目的地前5位国家依次为泰国、新加坡、韩国、日本和越南。

（二）出境市场影响因素

1. 经济发展稳健是重庆出境游发展的基础

2016年，重庆市经济发展持续向好，结构调整稳步加快。全年重庆市实现地区生产总值17 558.76亿元，比上年增长10.7%，增长速度较全国高4个百分点。全市居民人均可支配收入22 034元，增长9.6%。其中，城镇常住居民人均可支配收入29 610元，增长8.7%；农村常住居民人均可支配收入11 549元，增长9.9%。稳步提高的收入为出境旅游奠定了基础。

2. 国际交通持续优化

2016年重庆新增国际航线9条，国际客货运航线达到58条。目前，重庆已加密到新加坡的航线，达到每周12班；开通了到罗马、洛杉矶、纽约、伦敦、莫斯科、奥克兰、新加坡、卡利博的直航航线。根据重庆市口岸办"十三五"末，重庆国际航线总量达到100条的预期，重庆未来五年，每年将新开约10条国际航线，这些对重庆出境游发展形成实质性利好。

3. 领馆或签证中心设立加速和出境证照办理日益便捷为重庆出境游助力

2016年，有英国、加拿大、意大利、日本、荷兰、丹麦、柬埔寨、菲律宾、匈牙利、埃塞俄比亚10个国家在重庆设立领事机构，其中能直接受理本国签证申请的有日本、柬埔寨、菲律宾、匈牙利、埃塞俄比亚驻重庆总领事馆。同时，重庆设立了加拿大、日本、英国、丹麦、柬埔寨、菲律宾、埃塞俄比亚、法国、德国、荷兰、意大利、瑞士、奥地利、芬兰、斯洛文尼亚、爱沙尼亚、捷克、立陶宛、马耳他、匈牙利、瑞典、西班牙、希腊、克罗地亚、比利时以及斯洛伐克等国的签证中心。

2016年，重庆市出境证照办理更加便捷，全年共签发各类出国/境证件224万证次，台胞证件1000余证次。具体措施有：①投放自助发证、签注、申请设备，缩短签注时间。2016年，全市自助取证25万证次，平均取证用时仅需20秒；全市自助签注申请近21万人次，日均办理800余人次，占持证申请签注总量的75.66%，群众等候时间由20分钟缩短至3分钟；全市自助缴费55万笔，占总缴费量56.44%。②非渝户籍人员持居住证同享出境证照办理等服务。截至2016年12月底，非渝户籍人员出国/境证件签发量同比增幅达42.36%，共计3万余证次，其中为持居住证人员签发证件占比达49.79%。③微信公众号预约办证。自2016年6月推广使用以来，微信预约办证达29万人次。④启动24小时自助办证点，便捷服务市民。截至2016年12月，14个受理点在非工作时间办理自助签注17 000余人次，自助取证3万余证次。

五、广东市场

（一）出境旅游市场概况

1. 出境旅游市场基本面持续向好

受人民币持续升值和世界各地对中国游客放宽签证等利好因素影响，今年以来华南地区居民出境旅游市场持续稳定增长。以广东省为例，截至2016年12月，全省旅行社组织出境旅游1021万人次，亚洲市场占出境总人次的88.71%,达905.65万人次;其中组织港澳游441.24万人次,占亚洲市场的48.72%,组织台湾游21.75万人次,占亚洲市场的2.4%。

2. 出境旅游市场客源产出、流量与流向分析

这里以广东省为例,根据广东省旅游局统计数据,对该地区出境旅游市场客源产出、出境流量和流向特征进行分析。

(1)2016年广东省各市客源产出规模比较

根据广东省旅游局统计数据,2016年广东省各市出境旅游人次分布情况如下图所示。深圳市、广州市、佛山市、珠海市和中山市出境人次排在全省前五位,规模分别为469.10万人次、310.80万人次、112.43万人次、49.44万人次和26.66万人次。这五个城市为广东省的主要出境游客产出地,该五个城市的出境客源产出量占整个广东省出境总人次的94.84%。

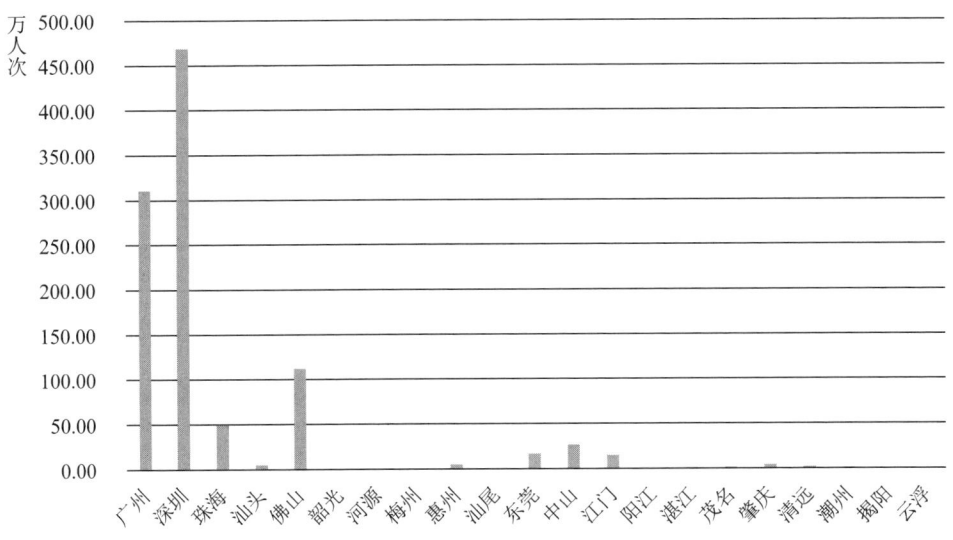

图2-5 2016年广东省各市出境旅游人次分布情况(团体)

(2)2016年广东省出国与赴港澳台市场规模比较

2016年,广东省出境旅游(团体)数量以赴港旅游为主,赴港旅游人次占出境旅游总规模的29.15%,出国旅游占出境旅游总人次的54.66%,而赴中国澳门和中国台湾地区旅游人数分别占14.06%和2.13%。

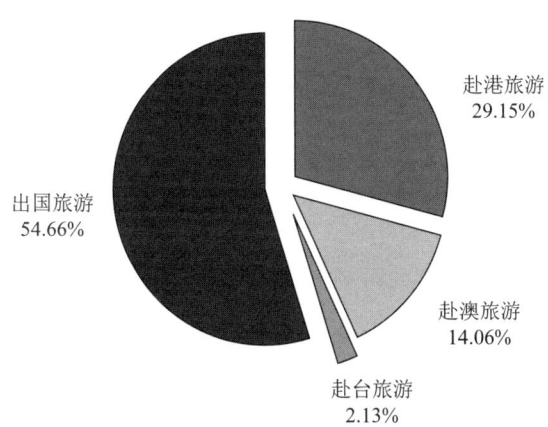

图 2-6　2016 年广东省出国和赴港澳台地区旅游市场占比情况（团体）

（3）2016 年广东省出境旅游市场洲际比较

2016 年，广东省出境旅游（团体）主要集中在亚洲市场，赴亚洲旅游人次达 905.65 万人次，其次是欧洲市场和美洲市场，市场规模分别为 96.36 万人次和 24.40 万人次。

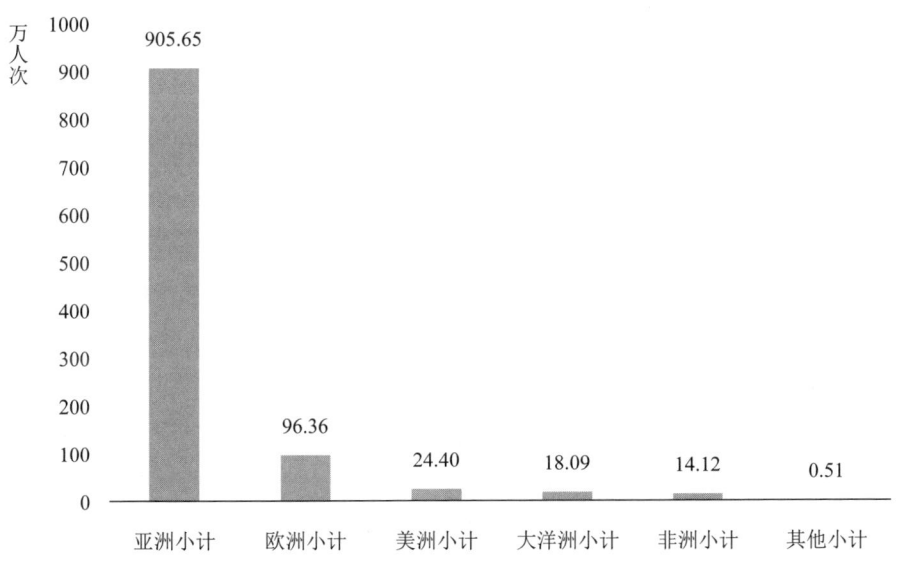

图 2-7　2016 年广东省出境旅游市场洲际比较情况（团体）

（4）2016 年广东省出境游客赴主要旅游目的地人次（前十位）

2016 年，广东省出境旅游（团体）旅游目的地排名前十的国家和地区包括：中国香港、中国澳门、泰国、韩国、日本、新加坡、马来西亚、越南、印度尼西亚、中国台湾。广州赴各主要出境旅游目的地人次（团队）见图2-8所示。

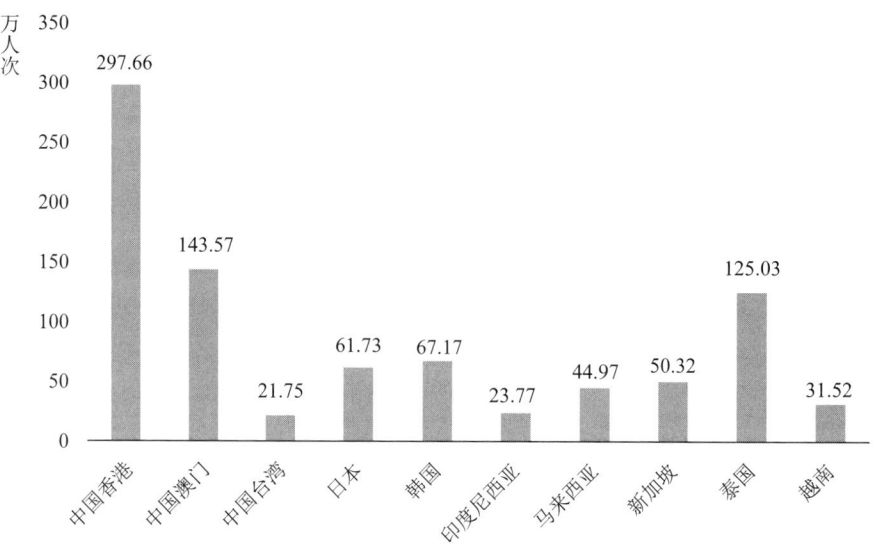

图2-8 2016年广东省出境游客赴前十位主要旅游目的地人次（团体）

（二）出境旅游市场影响因素

1. 护照含金量不断上升，签证放宽影响游客对旅游目的地的选择

近年来，中国护照的含金量不断提升，截至目前，中国公民免签或落地签的目的地已达53个。签证便利或是免签，对旅游者的吸引力是巨大的，如果存在距离较近和其他有利因素，旅游者自然会趋之若鹜。例如，2016年，以色列旅游局携33家旅游企业在中国广州进行推广，向华南地区旅游业者以及消费者展示以色列丰富的旅游资源，并自2016年11月11日起，正式向中国公民发放十年签证，中国游客可以商业或旅游为目的，多次入境以色列，每次停留时间不超过90天。且各国在中国国内设立的签证申请中心的增加，也为出境游游客提供了一定的便利。如英国在中国设立了15个签证申请中心，华南地区就有4个，包括广州、深圳、长沙和福州。这些签证政策的出台大大促进了华南地区游客出境游的热情。

2. 多元化的旅游产品也成为影响游客目的地考量的重要因素

2016年出境旅游市场稳定增长的同时，消费和服务升级是最大的特征和趋势。传统的单一旅游产品不能满足消费者需求，游客对于旅游主题的需求也有明显的变化。随着旅游时间的增长和游客群体年轻化，单纯的"酒店+景点"模式的吸引力逐渐降低，走马观花式的常规旅游体验成为游客最讨厌的旅游方式。深度游、私人订制式的旅游产品开始走俏，"路线+本地玩+门票产品"的多元化模式正在崛起。观光游也不再能满足游客的需求，深体验，有参与感，以"当地人的方式"旅行越来越受到自由行游客的欢迎，此外，各种女性主题、电视剧主题游，丝毫不逊色传统热门景区。据任我游（厦门）科技发展有限公司董事长林绍青介绍，自由行产品的多样化、碎片化和自由组合是未来发展的一大趋势，从PC端购买到移动端购买，从关注交通酒店到关注购物美食，产品预订趋势逐渐从单一化走向多样化。从观光游到休闲度假，从常规标准化产品到主题游、定制游等新的深度玩法；从线下预订转移到线上，从网站转移到手机端。总体来看，游客越来越希望获得更好的体验，更加认同服务的价值，并愿意为此支付更多花费。

3. 航空公司持续加码使得华南地区游客出境游选择增多

作为国内出境游第一大市场，华南地区已成为各大航空公司持续加码的重点。多家航空公司纷纷开通广州直飞国际旅游航线，更多便利的飞行选择，令春节期间华南地区的出境游热不断升温。华南地区最大的旅行社——广之旅的数据显示，以"澳洲大堡礁缤纷全赏9天"线路为例，8日出发的广州直航团价格为23989元，仅较去年同期的香港出发团价格多了300元，而少了游客出游转机前往的麻烦，性价比明显提升。广之旅副总裁温前表示，纷纷开通的直飞航班，对航空资源进行了补充，有效降低了航空成本，令旅行社的出游价格维持平稳，高性价比更加"吸客"。

六、典型城市出境市场比较

本节依据调研资料，对北京、上海、重庆、广州和成都五个城市的出境市场消费特征进行了对比分析。

（一）出境游客人文特征统计

（1）重庆出境游客女性比例相比其他城市更高。

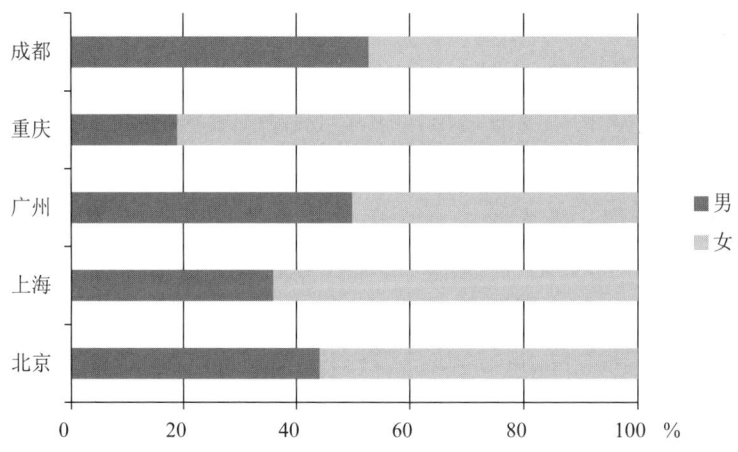

图 2-9 各城市受访对象性别分布

（2）成都 25~34 岁的出境游客比例最高，上海 45 岁以上的出境游客比例最高。

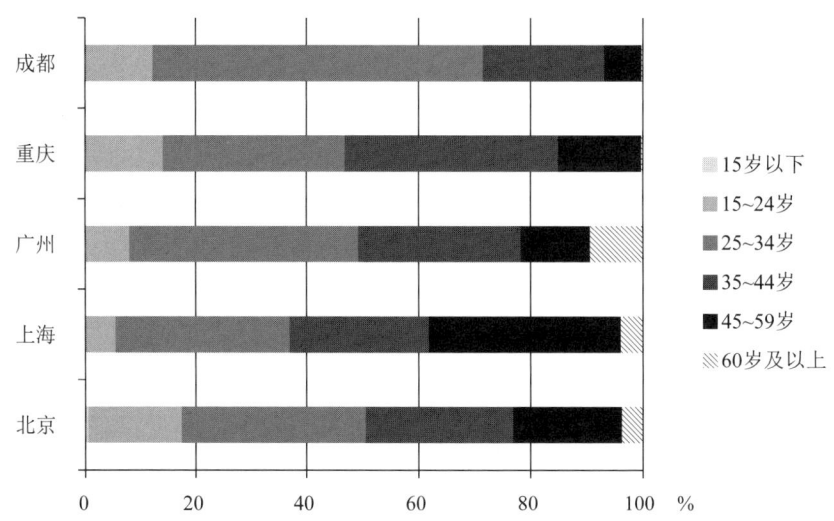

图 2-10 各城市受访对象年龄分布

（3）除重庆外，其余城市的本科及以上高学历的出境游客占比较大。

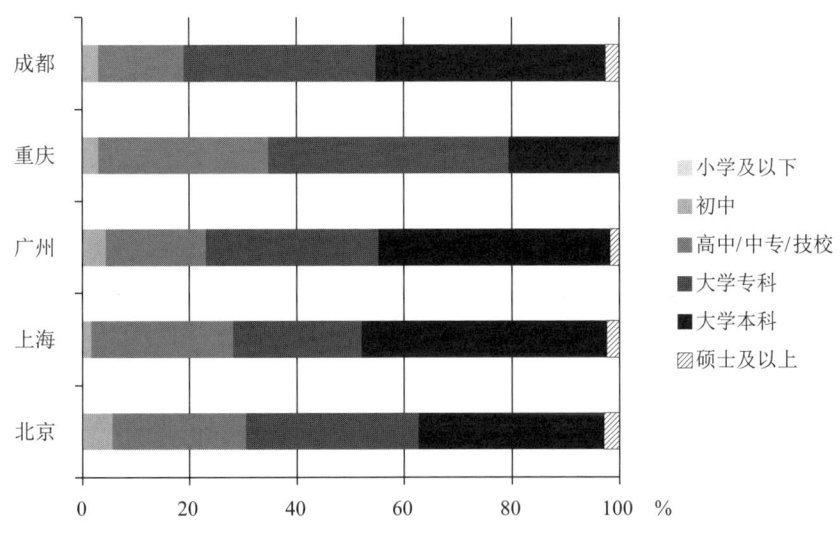

图 2-11　各城市受访对象学历分布

（4）除重庆外，其余城市的高收入（8000元以上）游客比重相当。

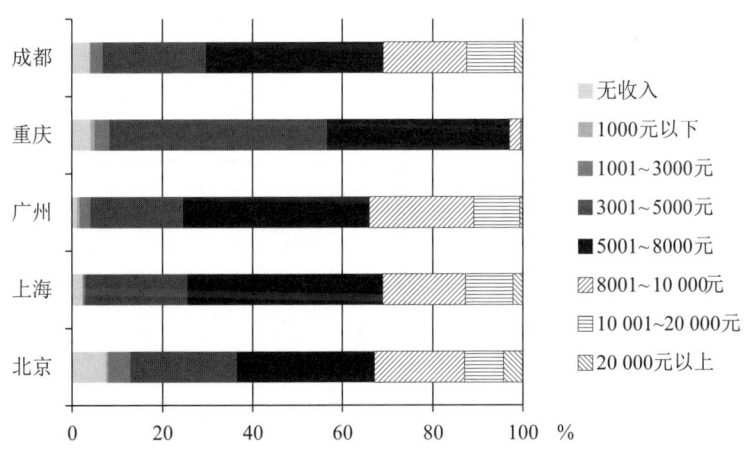

图 2-12　各城市受访对象个人月收入分布

（二）出境游客消费决策影响因素

（1）上海游览观光游客的比例最高；成都休闲度假游客的比例最高。

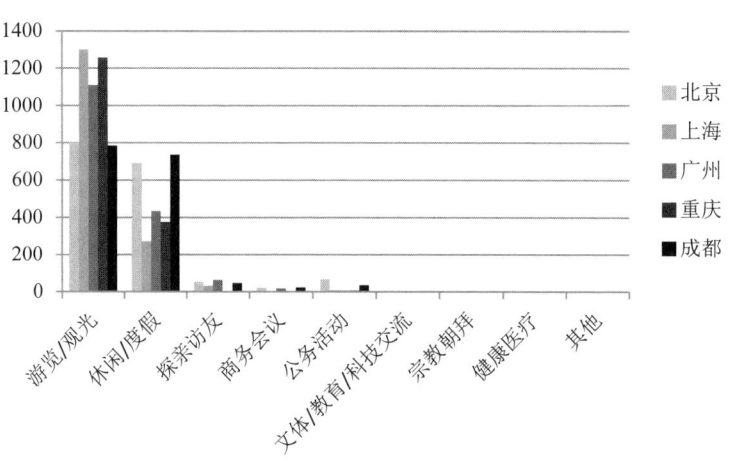

图 2-13　各城市出境游客的出境旅游动机

（2）广州和重庆游客对旅游景点及目的地吸引力最为看重；上海游客对旅行费用和景点吸引力较为关注；北京游客对旅行费用敏感度较低，但对休闲环境的要求较高；成都游客对旅游地交通、住宿及饮食的要求相对更高。

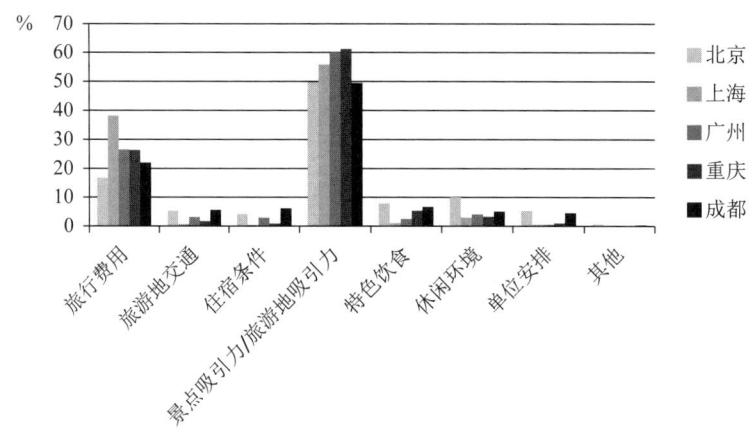

图 2-14　各城市出境游客出境最关注因素

（三）出境游客消费决策特征

（1）成都和北京自助游客比例高，重庆及上海参团游客的比例高。

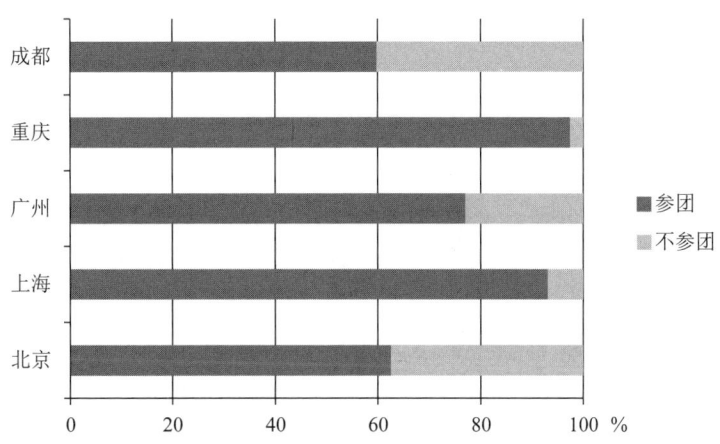

图 2-15　各城市出境游客出境方式选择

（2）重庆游客和家人一起出游比例高于其他城市；上海游客和机关、事业单位同事出游的比例高于其他城市；成都独自出游的比例高于其他城市。

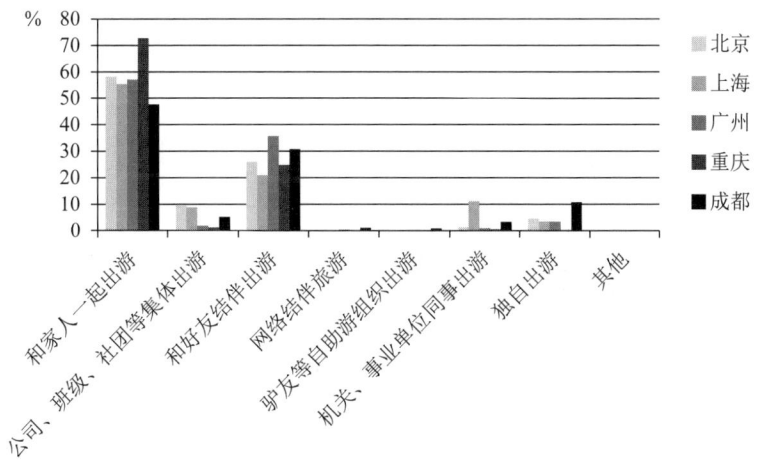

图 2-16　各城市出境游客出游结伴对象分布

（四）出境游客消费结构特征

（1）上海游客中人均消费 20 001 元以上的游客比例最高，而其他四个城市游客的人均消费集中在 5001~10 000 元之间。

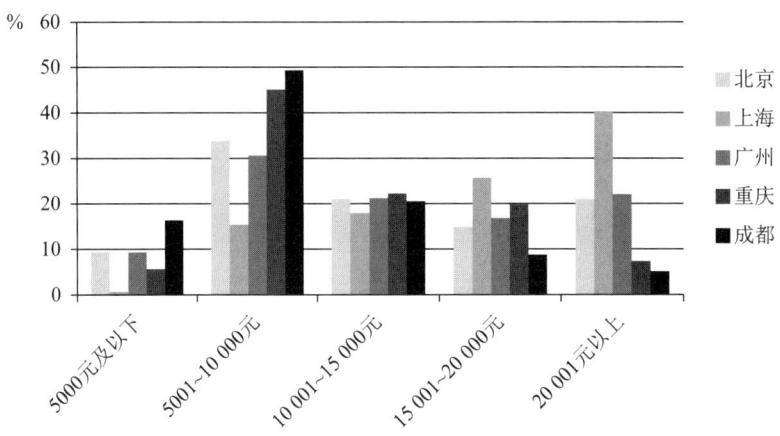

图 2-17　各城市受访出境游客人均花费分布

（2）不同于其他城市，相对于团费支出，上海游客的自费支出更多；广州游客跟团消费的花费最高。

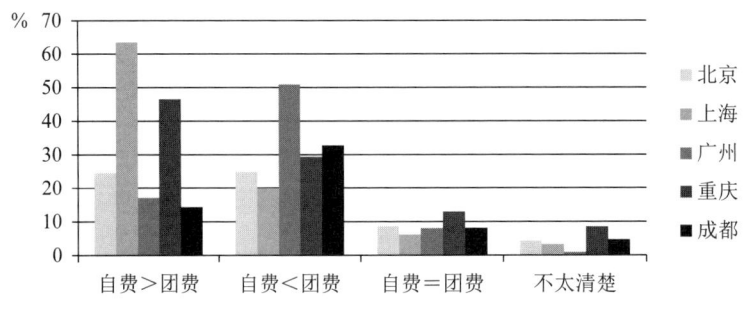

图 2-18　各城市受访出境游客自费与团费消费分布

（3）上海游客的购物消费明显高于其他城市；北京游客用于交通和住宿项目的支出高于其他城市；成都游客的景点门票和餐饮花费明显高于其他城市；广州和重庆游客用于旅游团费的支出明显高于其他城市。

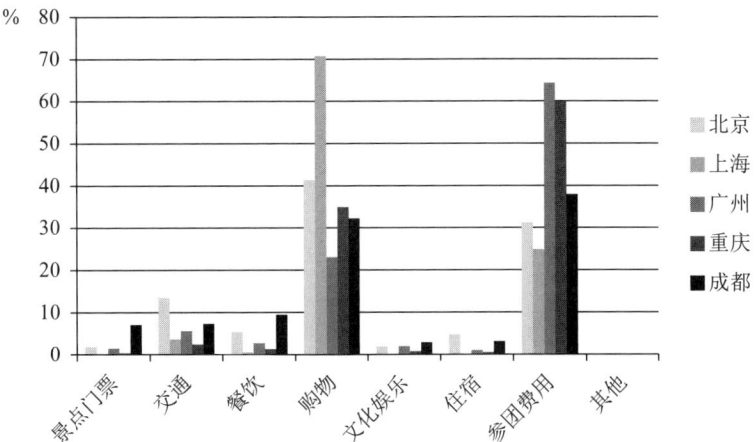

图 2-19　各城市出境游客旅游花费最高的项目分布

第三章

目的地消费行为

第一节 总体分析

一、出境游客消费特征变量结构

本次调研使用的问卷是由中国旅游研究院设计的"出境旅游行为调查问卷",共涉及22个变量。本次调研将变量抽象为6个范畴,分别为人文统计特征、消费决策影响因素、消费决策、消费结构、消费预订渠道和未来消费意向。调研始于2016年年初,每个季度完成一次调研。调研组同时在北京、上海、广州、重庆、沈阳、西安、成都、杭州、深圳和哈尔滨10个城市开展问卷调研,本次调研共收回有效问卷16 317份。

二、出境游游客人文统计特征

调查发现:出境游客的性别比例差距较大,女性市场远大于男性市场,但差距比2015年有所下降;中青年出境游客居多,25~44岁年龄段人数所占比例高达64.0%;大学本科和大学专科学历的出境游客人数比例最高,合计约62.6%,与2015年学历分布类似;来自批发零售行业的出境游客所占比例最高,为11.2%;个人月收入在3001~8000元的比例最高,合计为61.6%,比2015年分布更加集中。

(一)女性游客出游比例较大

男性出境游客的比例为39.7%,女性比例为60.3%,差距为20.6%,比2015年的22.8%下降了2.2个百分点。

(二)80后成为出游主体

属于80后群体的25~34岁的出境游客最多,占总样本的36.2%。其次是35~44岁的出境游客占比为27.8%。总体来看,被调查者年龄大都分布在25~44岁,中青年较多,与2015年年龄分布类似。

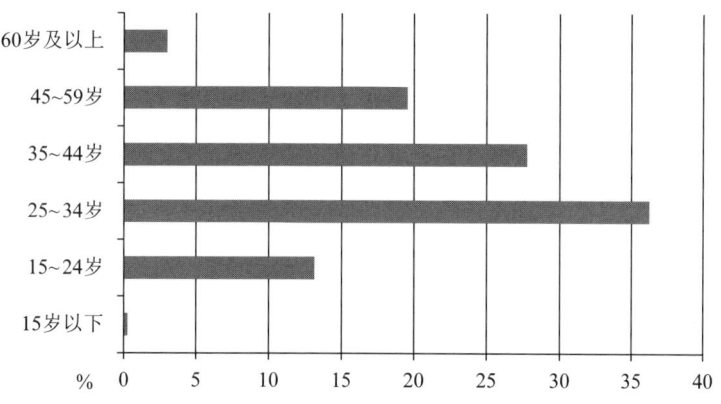

图 3-1　2016 年中国内地受访出境游客年龄分布

（三）出游人群主体为大学本科与专科学历者

在调查对象中，大学专科学历者占比最高，达总样本的 31.9%，其次是大学本科学历者，占 30.7%，初中、硕士及以上学历和小学及以下学历者较少，占比仅分别为 7%、1.7% 和 0.3%。

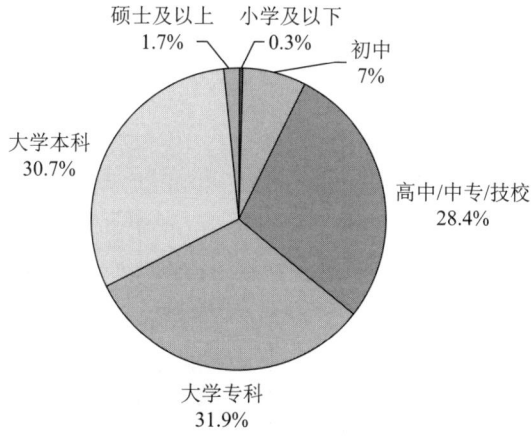

图 3-2　2016 年中国内地受访出境游客学历分布

（四）职业覆盖面广泛

受访者所从事的行业覆盖面非常广，几乎涵盖各个行业的人员。但以批发零售业、制造业、教育、居民服务和其他服务业、金融业从业者居多，占比分别为 11.2%、8.3%、8.2%、7.9% 和 7.5%。

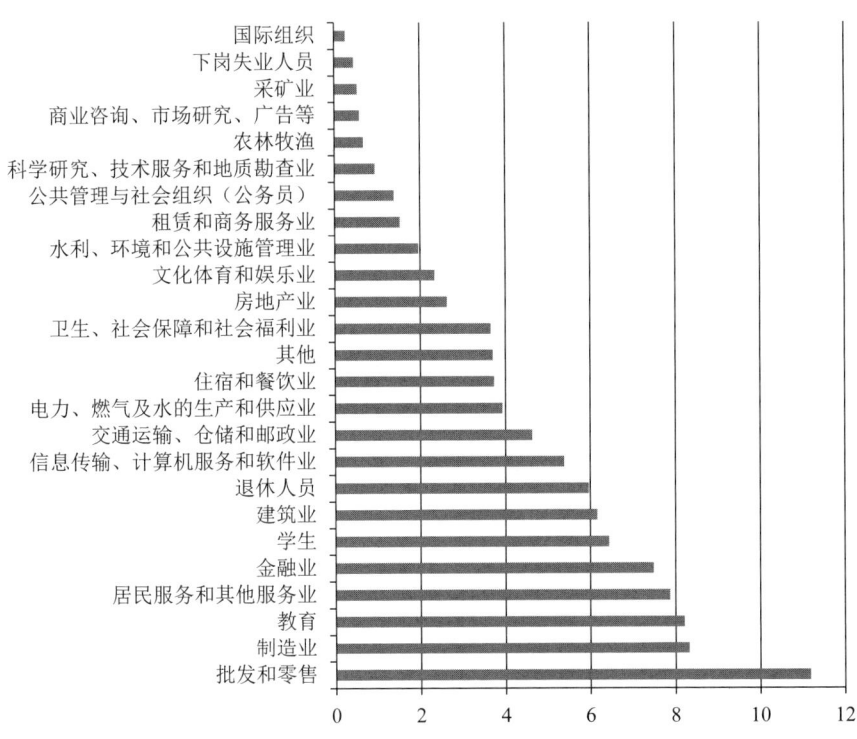

图 3-3 2016年中国内地受访出境游客职业分布

（五）中高收入人群为出游主体

被调查者税前月收入主要集中在 3001~8000 元，占比为 61.6%。其中收入为 3001~5000 元游客占比为 30.3%，5001~8000 元的游客占比为 31.3%。无收入游客占比为 5.9%，20 000 元以上收入者同样较少，占比为 1.6%。

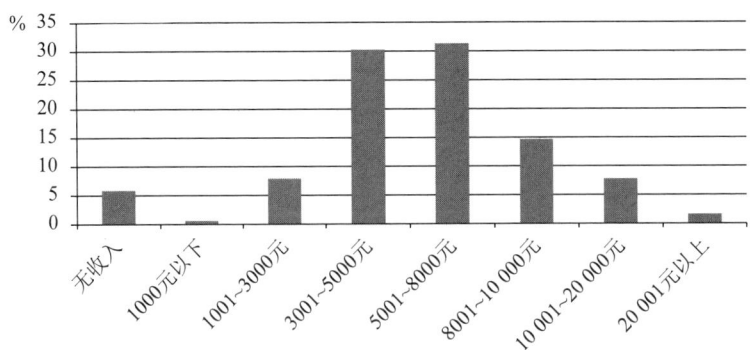

图 3-4 2016年中国内地受访出境游客个人税前月收入分布

三、出境游游客消费决策影响因素

调查结果显示首次出境旅游的游客居多,占总样本的52.2%;游览观光和休闲度假是出境旅游的主要目的,占比分别为62.8%、32.2%;62.5%的受访对象认为出境旅游是重大消费决策;对出游频率和决策重要程度的调查结果表明,出境旅游作为重大决策,仍然是人们普遍难以决策的消费选择。

(一)首次出境的游客居多

首次出境旅游的游客居多,占总样本的52.2%,第二次出境的游客占20.6%,第三次出游者占12.5%,出境三次及三次以上者占14.7%,说明大部分游客的出境旅游频率并不高(见图3-5)。

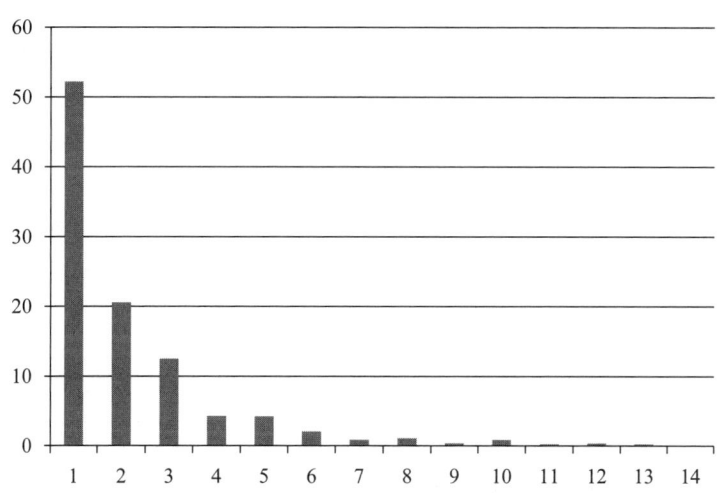

图3-5 2016年中国内地受访出境游客出境游次数分布图

(二)出境旅游对于大多数消费者来说仍属于重大消费

62.5%的受访者认为出境旅游是重大消费决策,这一比例比2015年的59.8%有所上升。

(三)出境旅游信息来源以网络、亲友介绍为主

游客在出境旅游前大都通过网站/BBS/论坛、亲友介绍来获得相关旅游信息,选择以上信息渠道的分别占总样本的67.5%、52.9%,使用其他信息渠道的游客较少。

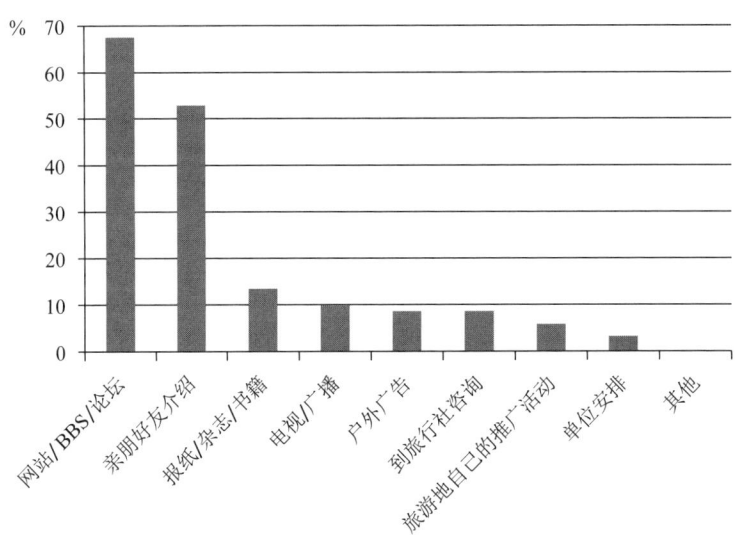

图 3-6　2016 年中国内地受访者出境游信息来源

（四）出游前主要查找景区、价格与民俗风情信息

从调查结果来看，游客在出游前主要了解的信息包括景区/景点信息（73.7%）、旅游价格信息（54.1%）、旅游地民俗风情信息（33%）以及交通信息（30.1%）。

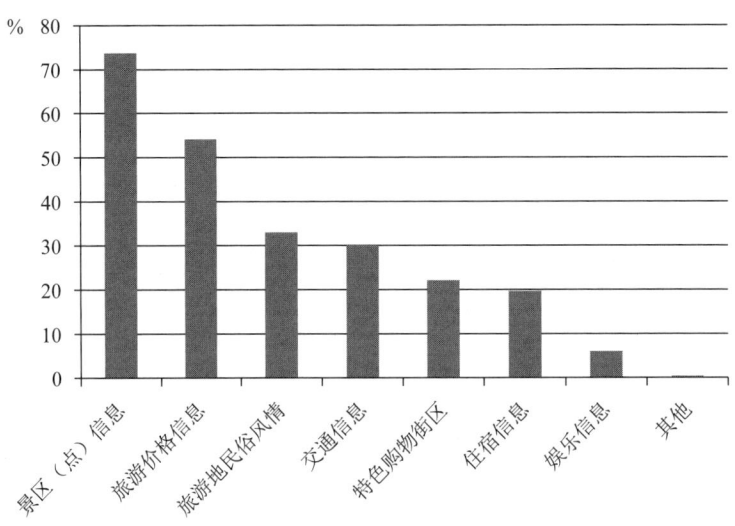

图 3-7　2016 年中国内地受访者出游前了解的信息

（五）出游目的以游览/观光、休闲/度假为主

游览观光和休闲度假是出境旅游的主要目的，其中游览/观光占比最高，为62.8%，其次是休闲/度假，占比为32.2%。

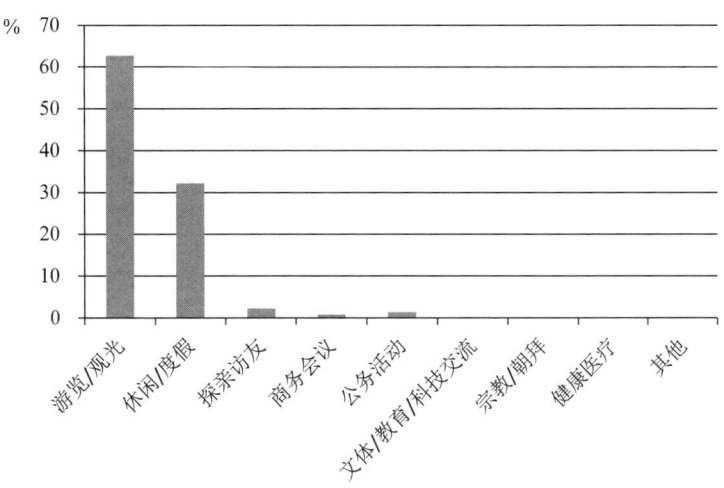

图3-8　2016年中国内地受访者出游目的

四、出境游游客消费决策特征

出境游客大都是和家人或朋友一起结伴而行；在选择境外旅游目的地时，更加注重景点/旅游地的吸引力；72.8%的受访者愿意通过旅行社安排境外旅游活动，在选择旅行社时游客更注重旅行社的知名度、诚信度和朋友推荐；中国游客在选择境外住宿酒店时青睐于中等价位酒店和经济型酒店；境外游览的景点数目较多，一般为3~9个，游览10个以上景点的游客也不在少数；大部分游客出游时间为两周以内，其中一周之内的最多，占比59.3%。

（一）出境游客偏好与家人、好友结伴出游

游客大多和家人一起境外旅游，占受访者总数的64%。和好友结伴进行境外旅游活动的游客也比较多，占24.1%，和这两类同伴出游的游客明显多于和其他类型同伴出游的游客。

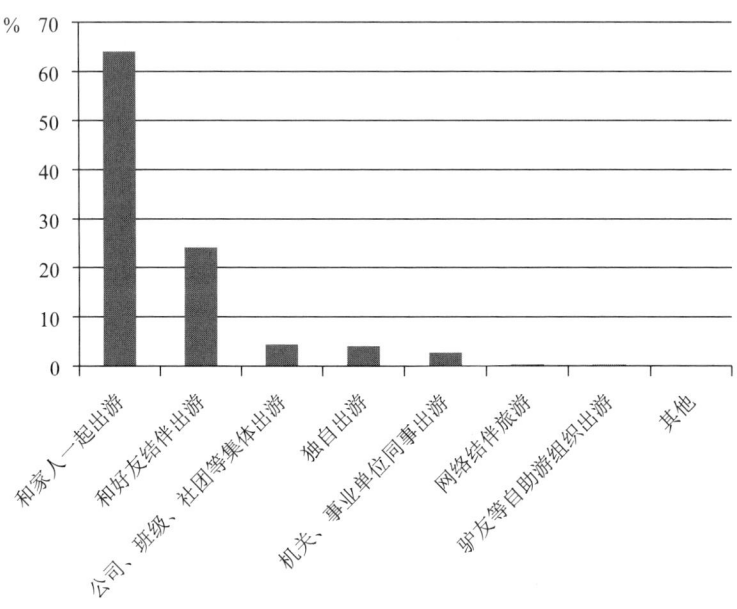

图 3-9　2016 年中国内地受访出境游客境外出游同伴

（二）出境游客目的地选择受景点/旅游地吸引力的影响最大

48.5% 的游客在选择境外旅游目的地时，首先看重的是景点/旅游地的吸引力，其次是旅行费用因素（31.9%），选择其他影响因素的明显较少。

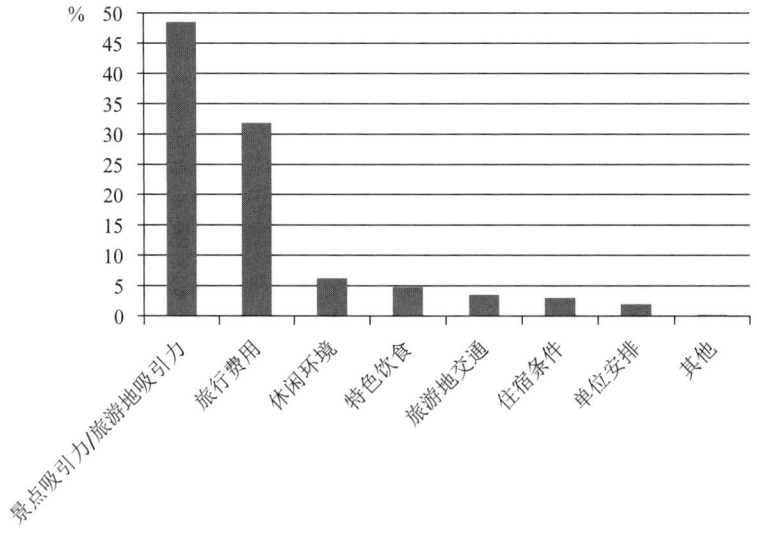

图 3-10　2016 年中国内地受访出境游客线路选择影响因素分布

（三）参加旅行社比例较高

境外旅游参加旅行社的游客比例达72.8%，相比于2015年的77.2%，有所下降，说明大多数游客对于不太熟悉的境外旅游依然倾向于通过旅行社安排出游活动。

（四）品牌知名度的重要性提升

出境游客大多通过旅行社来组织境外旅游活动，影响游客旅行社选择的因素有旅行社的品牌知名度、诚信度、朋友推荐和旅行社的收费标准，其中36.7%的受访者选择品牌知名度，32.1%选择诚信度，30.4%选择朋友推荐，28.2%选择收费标准。

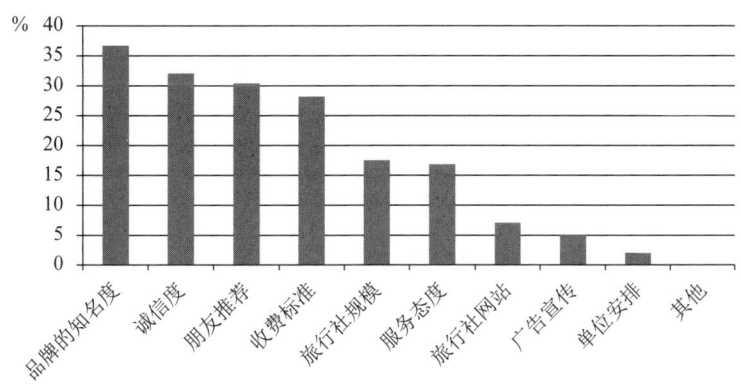

图3-11 2016年中国内地受访出境游客选择旅行社的影响因素

（五）境外游览景点数目较多

境外游览的景点数目较多，一般为3~9个，其中游览3~5个景点的比例为37.1%，6~9个景点的比例为36.7%，游览10个以上景点的游客也不在少数，占比为21.1%。

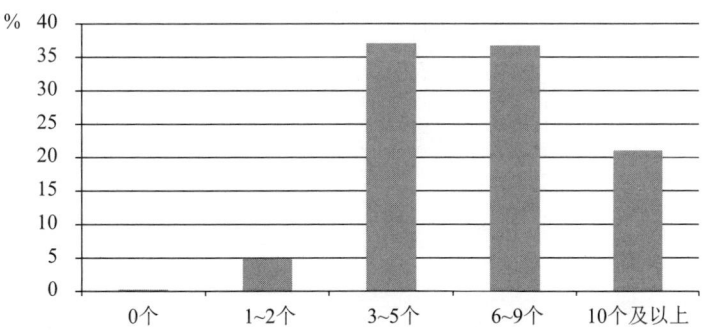

图3-12 2016年中国内地受访出境游客境外旅游参观景点数目

（六）境外旅游出游时间多为两周以内

大部分游客出游时间为两周以内，其中一周之内的最多，占比 59.3%，两周以内占比为 33.0%。

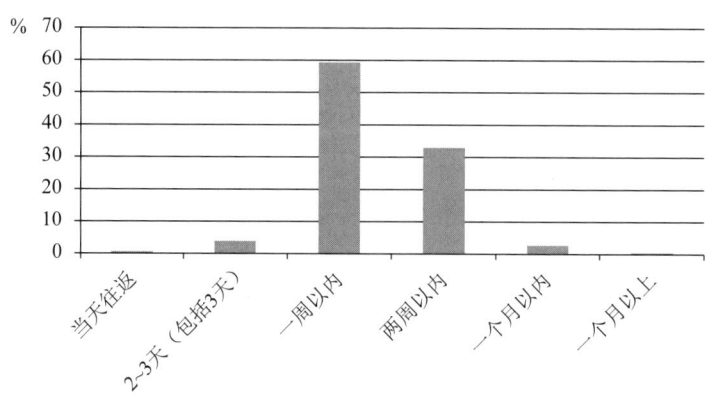

图 3-13　2016 年中国内地受访出境游客境外旅游时长

（七）中等价位酒店依然是出境游客的最重要选择

在住宿设施选择方面，游客偏向于选择中等价位酒店和经济型酒店，选择这两类住宿设施的游客分别占总样本的 45.1% 和 32.8%，与 2015 年相比基本持平。与此同时，选择入住豪华酒店的游客也不在少数，占 17.3%，选择其他类型住宿设施的游客相对较少。

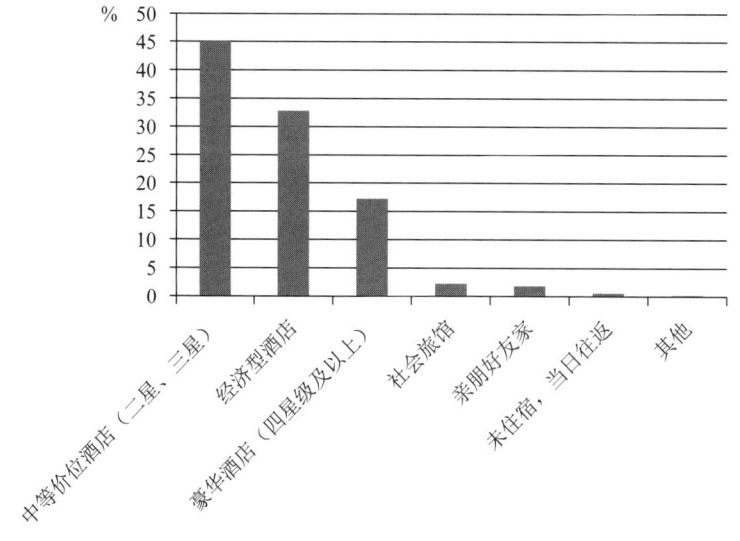

图 3-14　2016 年中国内地受访出境游客住宿选择分布

五、出境游游客消费结构特征

花费在 5000~10 000 元的游客比例最高，占总样本的 36.9%。出境游花费的项目主要包括购物、参团费用、餐饮和景点门票，其中，花费最高的项目是购物。

（一）中高端消费群体比例增长

我国出境旅游表现出中高端消费特征，单次出境游花费在 10 001 元及以上的受访者占总样本的 55.4%。消费在 5001~10 000 元的游客最多，占 36.9%。而花费在 5000 元及以下的受访者仅占 7.6%。

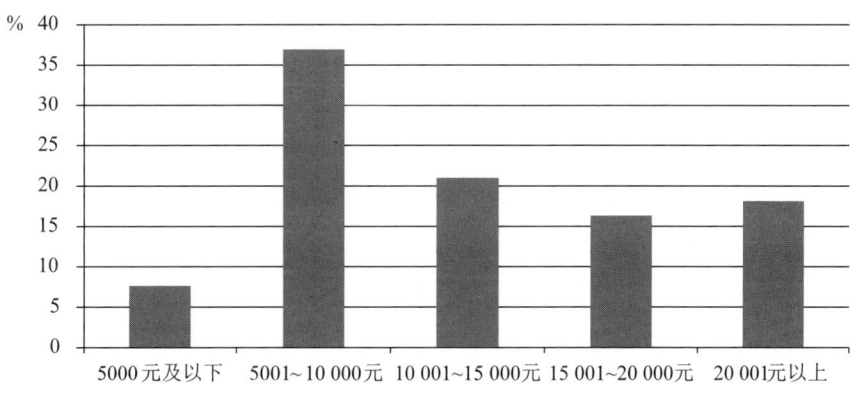

图 3-15　2016 年中国内地受访出境游客单次境外出游花费分布

（二）购物依然是境外旅游的最重要项目

选择购物项目的受访者最多，占总样本的 85.4%；选择参团费用的游客占 62%；选择景点门票和餐饮花费的游客比例相当，各占 57%。

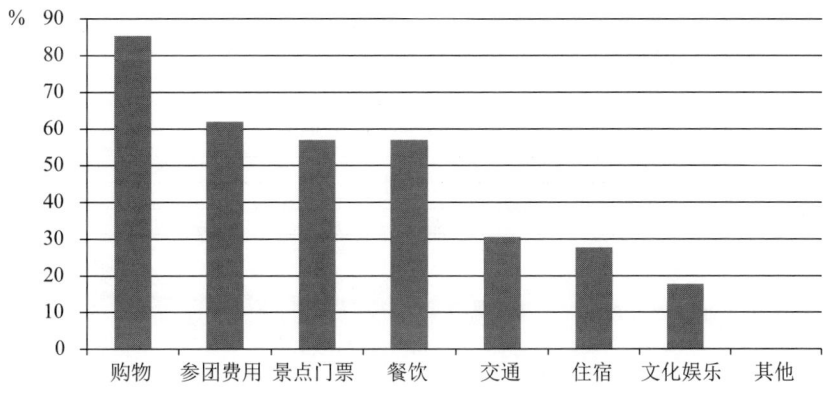

图 3-16　2016 年中国内地受访出境游客各消费项目选择占比

（三）购物和参团费用是境外旅游花费最高的两项

有 44.2% 的受访者认为购物花费最高，35.9% 的人认为参团费用花费最高，认为其他项目平均花费较高的游客占比均较低，这凸显出中国游客的境外主要花费和花费最多的项目是购物和参团费用。

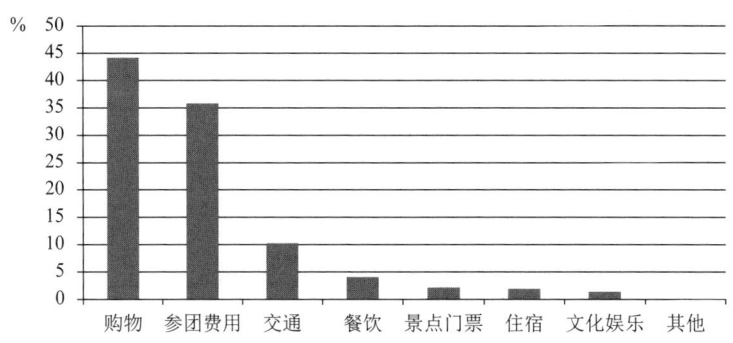

图 3-17　2016 年中国内地受访出境游客各项目平均消费

六、未参团游客出境游消费预订渠道

数据统计发现，不论是航班预订、酒店预订还是安排旅游线路，未参团出境游客大都通过网络预订完成，网络在出境旅游中的利用愈加频繁。

（一）境外航班预定渠道

在未参团的受访者中，有 72.4% 的未参团游客通过网络完成机票的预订和购买，明显多于通过其他渠道购买的游客，如电话预订（10.86%）、直接去售票点购买（7.21%）等。

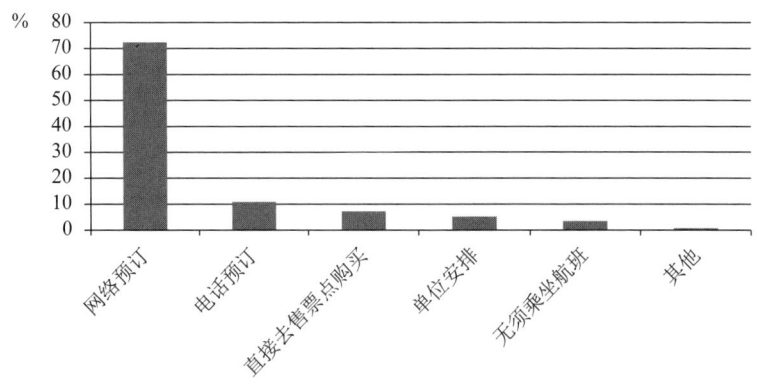

图 3-18　2016 年中国内地受访出境游客预订航班的渠道

（二）境外旅游预订酒店的渠道

在受访者中，有 66.37% 的未参团游客通过网络完成酒店的预订和购买，其次是电话预订（10.36%）和在当地直接入住（9.08%），而只有不到 10% 的游客通过其他预订和购买渠道选择住宿设施。

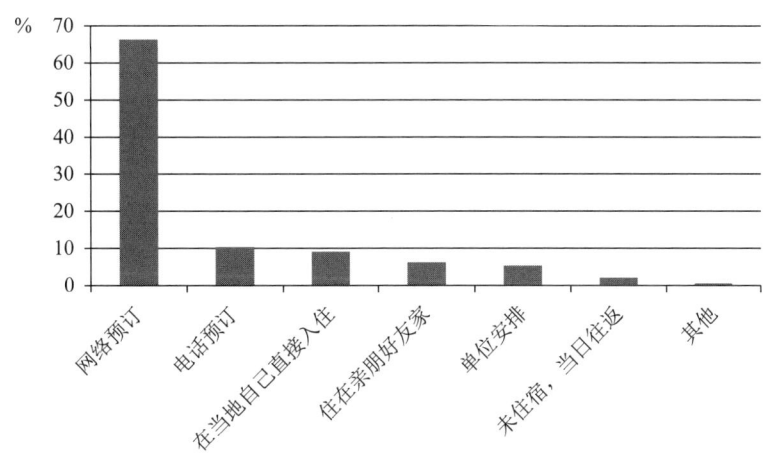

图 3-19　2016 年中国内地受访出境游客预订酒店的渠道

（三）旅游线路信息获取的渠道

在受访者中，有 68.1% 的未参团游客通过网络查找相关信息完成旅游线路安排。此外，有 13.2% 的游客通过亲友介绍，13.02% 的游客为临时安排，还有 5.5% 通过单位安排。

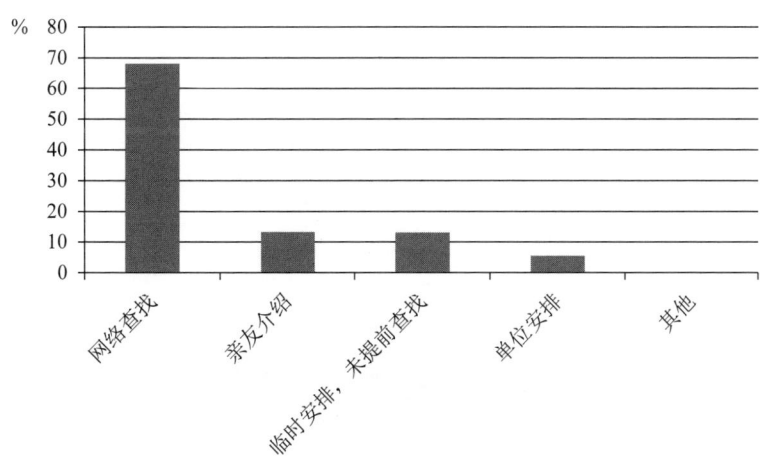

图 3-20　2016 年中国内地受访出境游客安排旅游路线的信息获取渠道

（四）境外旅游就餐地选择的渠道

在境外旅游时，通过网络查找选择就餐地的未参团游客占 36.54%；另外，通过"随意遇到"而选择就餐地的受访者占总样本的 33.34%，通过当地人和亲友介绍就餐的未参团游客分别占 21.13% 及 7.61%。说明对于就餐地的选择，未参团出境游客没有像选择航班、酒店和旅游线路那样依赖于网络查找和订购。

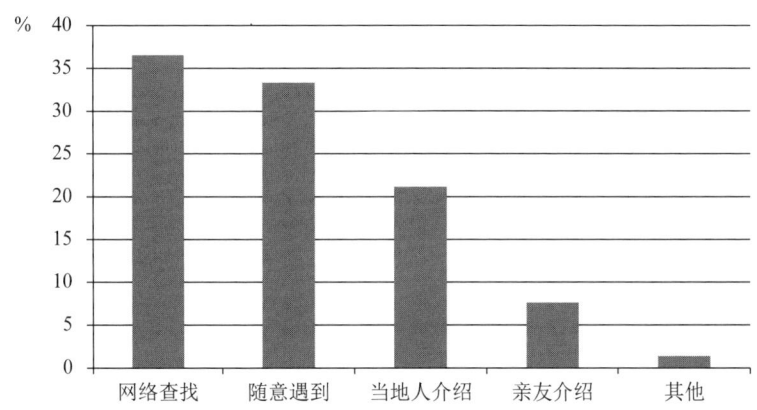

图 3-21　2016 年中国内地受访出境游客就餐地选择的渠道

七、出境游游客未来消费意向

（一）参加旅游团依然是出境旅游的重要选择

65.3% 的受访者表示愿意参加旅游团进行出境旅游活动，28.4% 的受访者觉得无所谓，仅有 6.3% 表示不愿意参加出境旅游团。

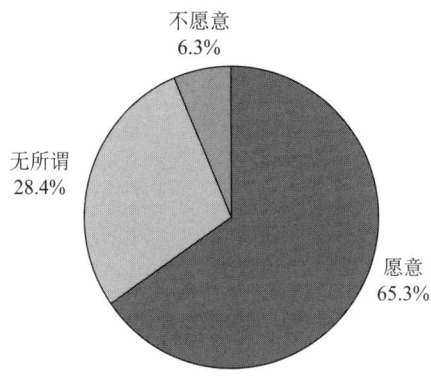

图 3-22　2016 年中国内地受访出境游客对参加旅游团出境旅游的态度

（二）出境游客未来出境主要意向保持稳定，集中在参观游览

从问卷统计结果来看，出境游客未来出境主要意向以参观游览为主，选择该选项的受访者占 70.1%，意在探险活动、参与性娱乐活动和了解当地居民情况的游客分别占 11.4%、10.8%、7.5%。

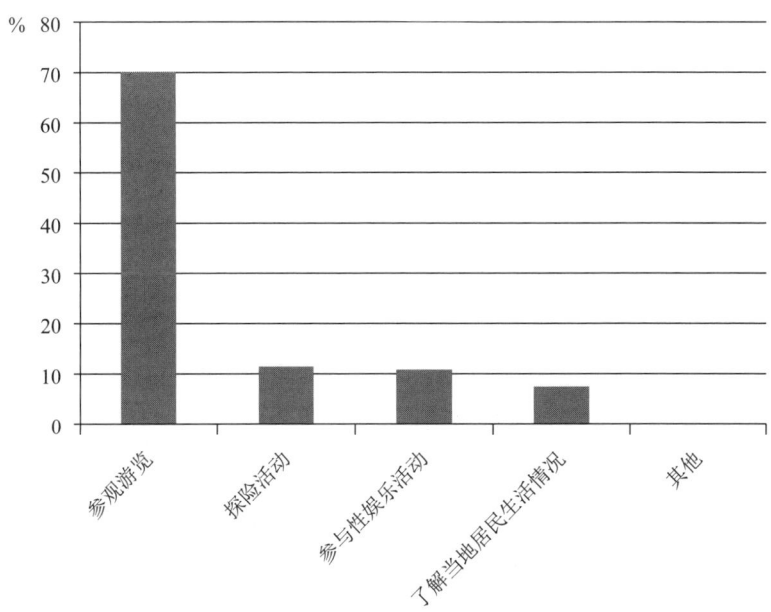

图 3-23　2016 年中国内地受访出境游客未来出境旅游消费项目意向分布

第二节　主要目的地消费特征

一、中国香港

（一）内地游客统计信息

受签证政策收紧的影响，内地赴港游客人数同比有所下降，但在 2016 年年底和 2017 年年初出现复苏迹象。

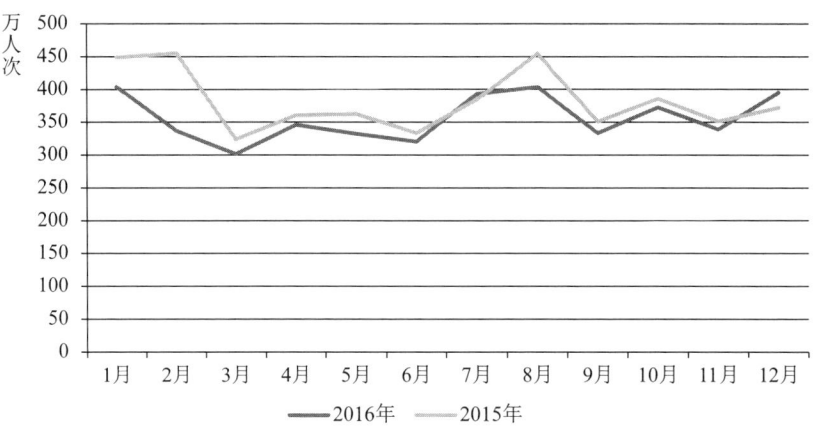

图 3-24　2015 与 2016 年中国内地赴香港旅游人次及变化情况

资料来源：香港旅游发展局

（二）内地赴香港游客人文特征统计

1. 性别

2015 年，内地赴香港旅游的过夜游客中有 39% 为男性，61% 为女性，性别比例基本与 2014 年持平。内地游客的男女性别比例基本维持在 4∶1 左右。

2. 年龄

2015 年内地赴港过夜游客的平均年龄为 37.7 岁，以中青年为主。

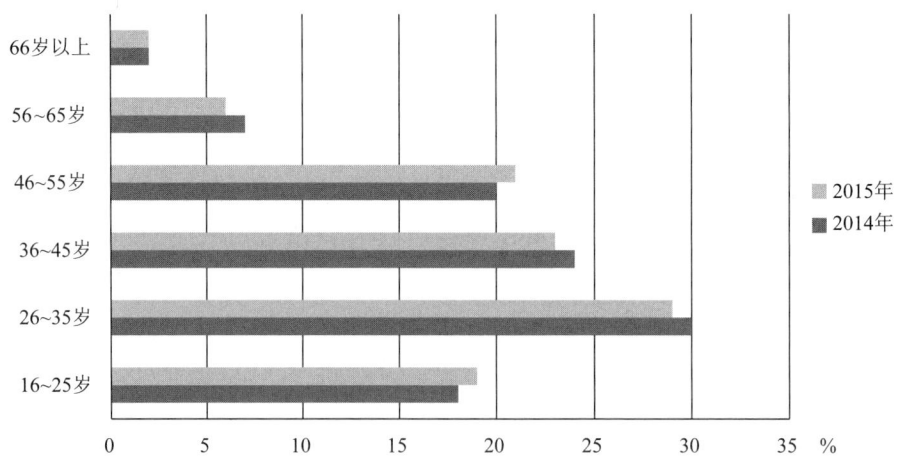

图 3-25　2014 年和 2015 年中国内地赴香港过夜游客年龄分布

资料来源：香港旅游发展局

3. 婚姻状况

2015年,内地赴港过夜游客中69%为已婚人士,比2014年的70%略微下降。

4. 职业

70%的内地赴港过夜游客为在职人士。

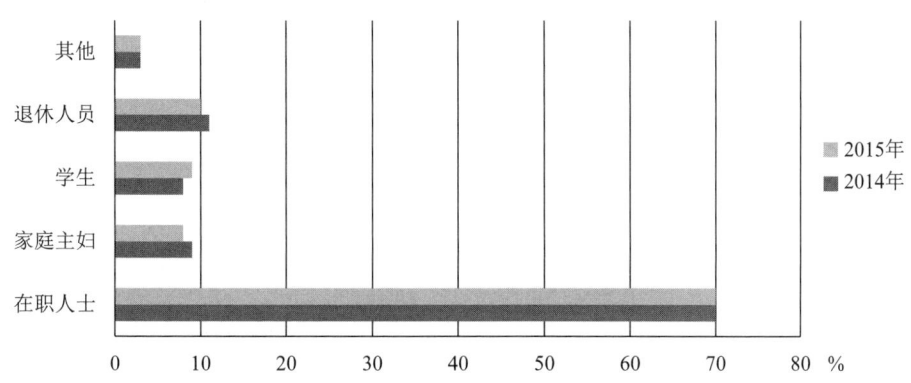

图 3-26　2014年与2015年中国内地赴香港过夜游客职业分布

资料来源:香港旅游发展局

(三) 内地游客赴香港旅游决策影响因素

(1) 度假及探亲访友持续为中国内地赴港过夜游客旅游的主要目的。与上年相比,2015年商务游客的比重略有增加。

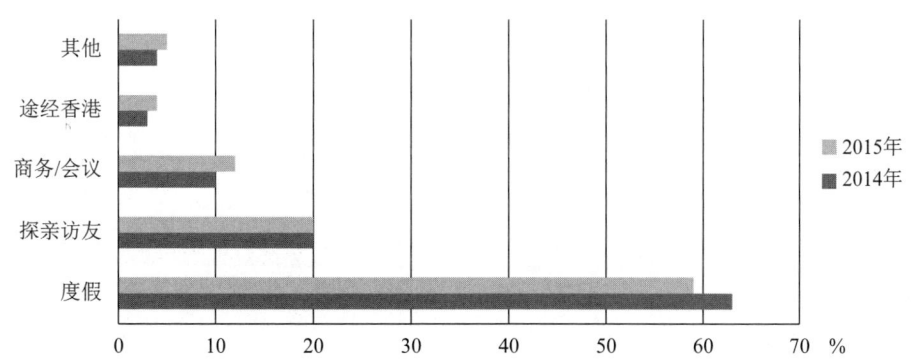

图 3-27　2014年和2015年中国内地赴香港过夜游客旅游目的分布

资料来源:香港旅游发展局

(2)首次赴港过夜旅客占比降低,赴香港重游率高。

2015年,首次由内地赴港的过夜游客占20%,比2014年的24%有所下降,80%的内地过夜游客是两次及两次以上访港。

(四)内地游客赴港旅游的消费决策特征

(1)近七成内地赴港过夜游客选择结伴而游,多选择与亲属/朋友/同事、异性伴侣及子女结伴同行。

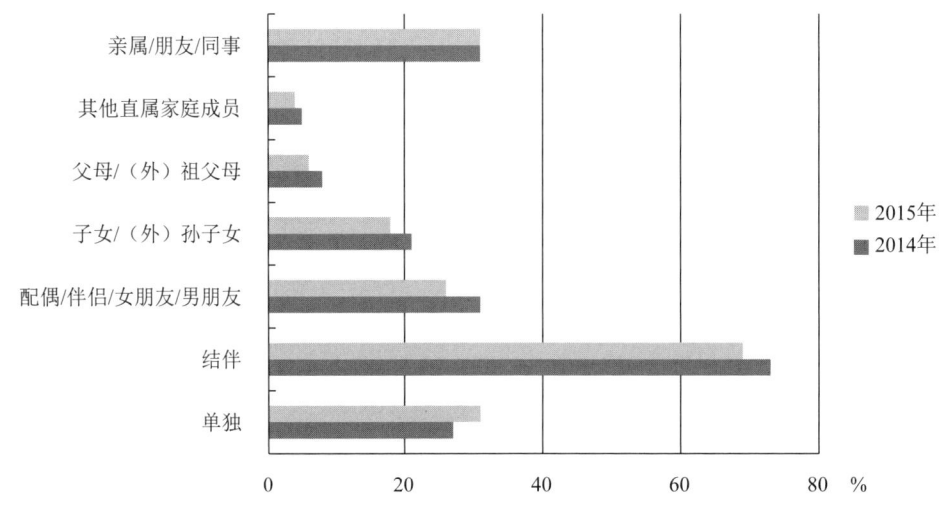

图3-28 2014年与2015年中国内地赴香港过夜游客旅游结伴情况

资料来源:香港旅游发展局

(2)内地游客在港停留时间较长。

2015年,内地过夜游客在港平均停留时间为3.2晚,略低于香港入境游客的平均停留时间(3.3晚),但高于其他近程客源国市场过夜游客的停留时间(2.9晚)。

(五)内地游客消费结构特征

(1)2015年内地赴港过夜游客的人均消费为7924港元,每日平均消费2446港元,消费项目主要为购物,占比68.8%,与上年相比有所下降。用于餐饮等其他项目的支出相对增加。

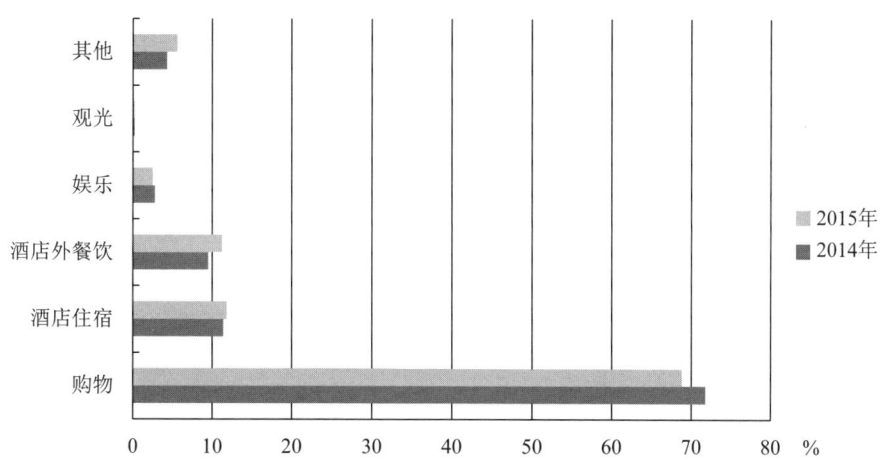

图 3-29　2014 年和 2015 年中国内地过夜游客在港消费结构

资料来源：香港旅游发展局

（2）2015 年内地过夜游客在港消费占比最大的为购物，其次为住宿，消费占比最低的为观光。与 2014 年相比，购物消费占比下降 3.2%，住宿消费上升了 0.4%。

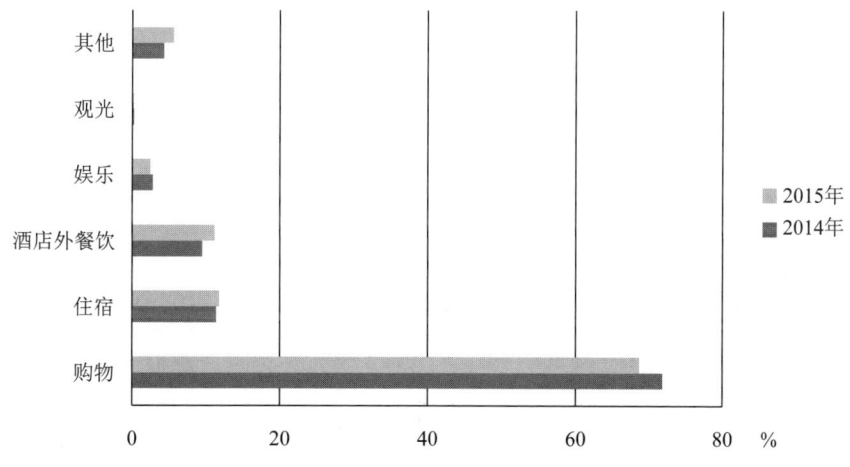

图 3-30　2014 年和 2015 年内地过夜游客在港消费结构

资料来源：香港旅游发展局

（3）各类物品的消费量有所下降。

2015年中国内地游客在港消费的单项产品中，化妆品/香水、衣服/布料、食品/酒类/香烟所占比重最大，分别占42%和39%和37%。与上年同期相比，均有所下降。

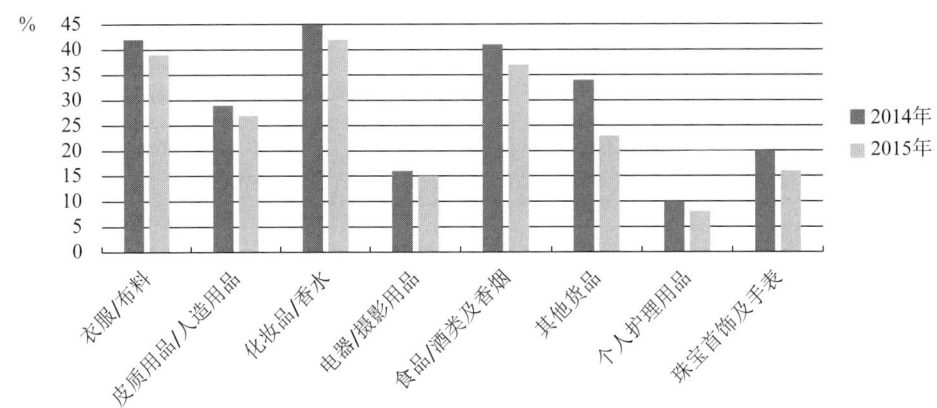

图3-31　2014年与2015年中国内地游客在港单项消费情况对比

资料来源：香港旅游发展局

（六）内地游客满意度

2015年内地访港游客的整体满意度相对较高。但与2014年相比，除了对酒店、餐饮和娱乐的整体评价有所上升外，对其他项目的满意度均有下降。

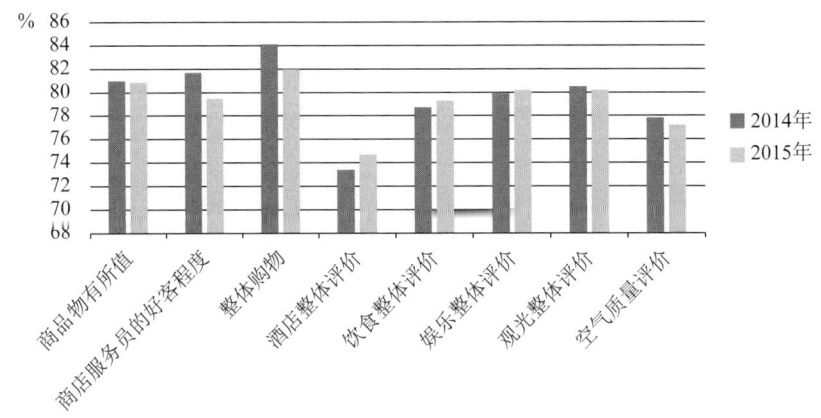

图3-32　2014年与2015年中国内地游客赴港满意度水平（满分为100）

资料来源：香港旅游发展局

二、中国澳门

（一）内地游客统计信息

2016年中国内地赴澳门旅游市场规模与去年基本持平。

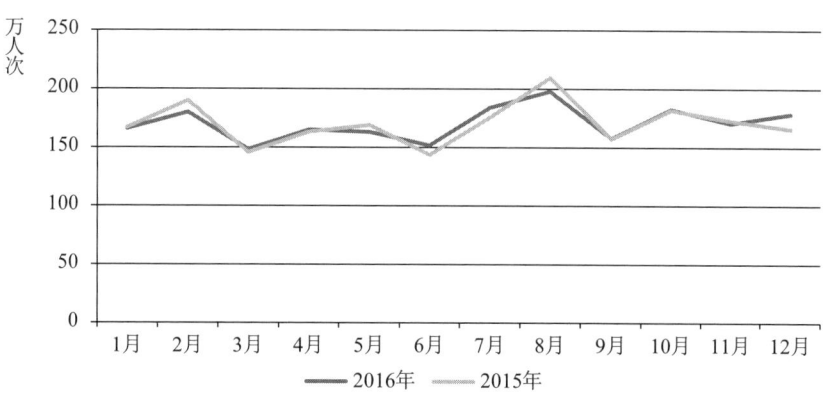

图 3-33　2015 年和 2016 年中国内地赴澳门旅游人次

资料来源：根据澳门政府旅游局官方网站整理

（二）内地赴澳门游客人文特征统计

非在职人员占比最高，近三分之一。在职人员中，机构领导及管理人员占比最高。

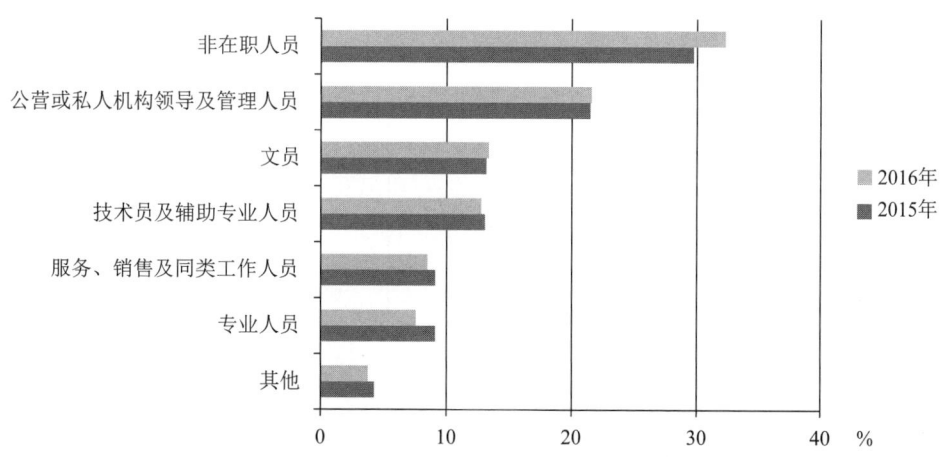

图 3-34　2015 年和 2016 年中国内地赴澳门游客职业分布

资料来源：根据澳门政府旅游局官方网站整理

（三）内地游客赴澳门旅游的消费决策特征

近一半的内地游客赴澳门旅游的目的为度假，较2015年的占比有较大提升。购物、探亲访友以及参加会展的游客占比同样较去年有所增加。

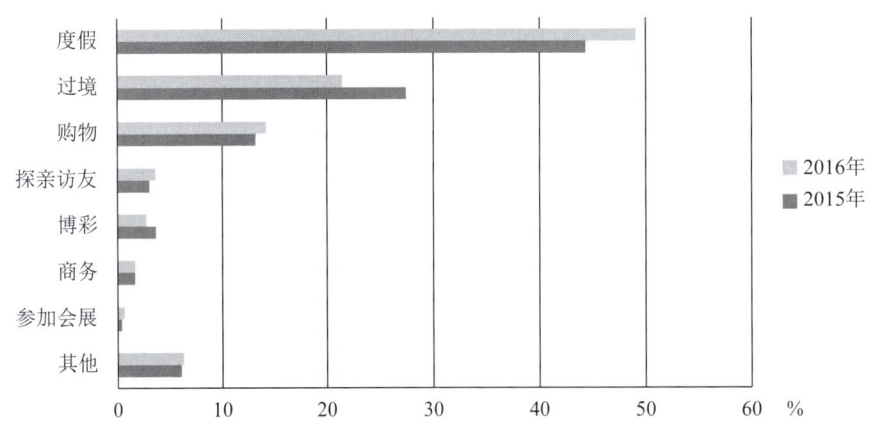

图 3-35　2015年和2016年中国内地游客赴澳门旅游目的分布

资料来源：根据澳门政府旅游局官方网站整理

（四）内地游客消费结构特征

（1）超过一半的内地游客赴澳门旅游选择入住五星级酒店。相比2015年，2016年选择五星级酒店的游客占比下降，而选择三星级和四星级酒店的游客占比增加。

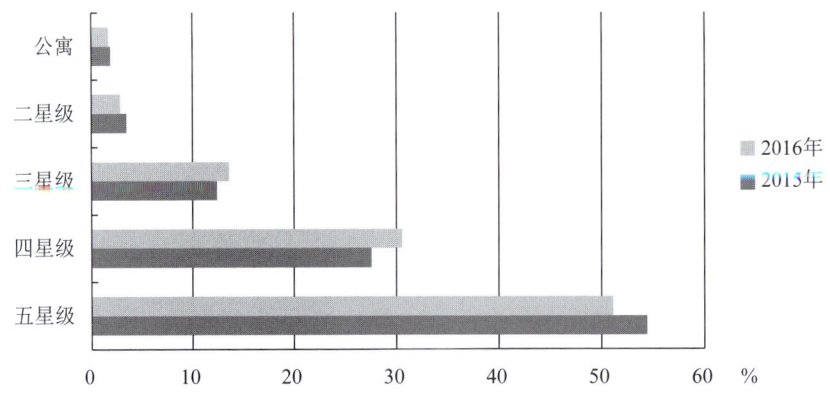

图 3-36　2015年和2016年内地游客赴澳门旅游期间的住宿情况

资料来源：根据澳门政府旅游局官方网站整理

（2）2016年内地赴澳门游客平均逗留时间为1.3天，比去年的1.1天有所延长。入住公寓和五星级酒店的停留时间最长。与去年相比，内地赴澳门游客入住三星级酒店的平均停留时间更长，但入住五星级酒店的平均停留时间缩短。

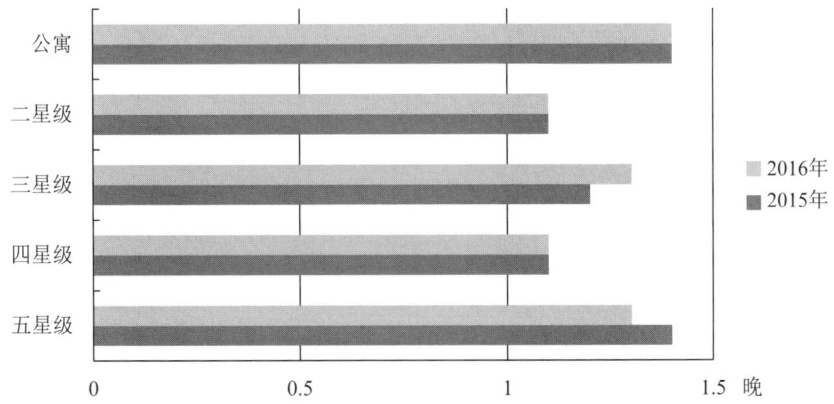

图3-37　2015年和2016年内地游客赴澳门旅游期间入住酒店平均停留时间

资料来源：根据澳门政府旅游局官方网站整理

（3）2016年内地赴澳门游客人均消费1975澳门元，同比略有提高。其中，过夜游客人均消费3106澳门元，不过夜游客人均消费838澳门元。

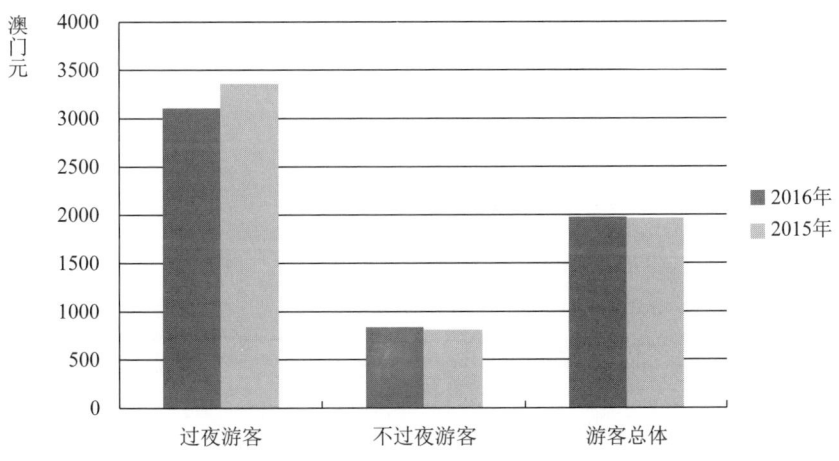

图3-38　2015年和2016年中国内地游客在澳门旅游人均消费情况

资料来源：根据澳门政府旅游局官方网站整理

（4）手信/食品、化妆品/香水等是内地游客在澳门的主要购物项目。

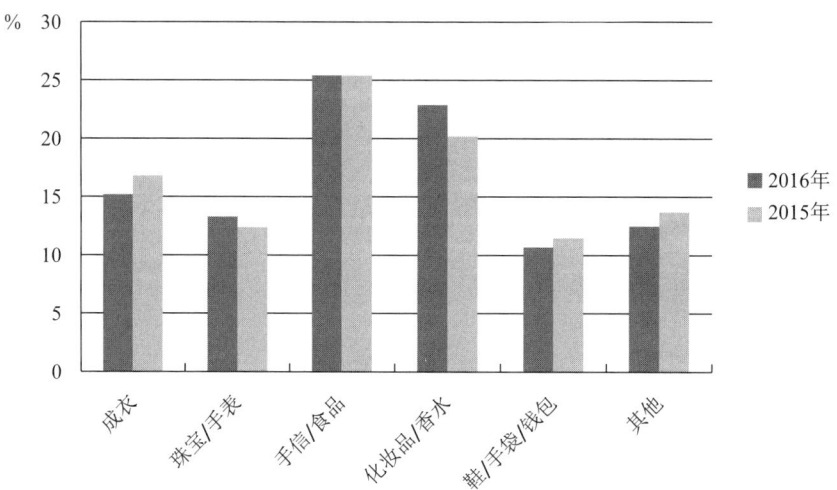

图 3-39　2015 年和 2016 年中国内地游客在澳门购物消费情况

资料来源：根据澳门政府旅游局官方网站整理

（5）2016 年内地赴澳门游客的消费中，购物占比最高，超过 50%，但与 2015 年相比，这一比重有所下降。

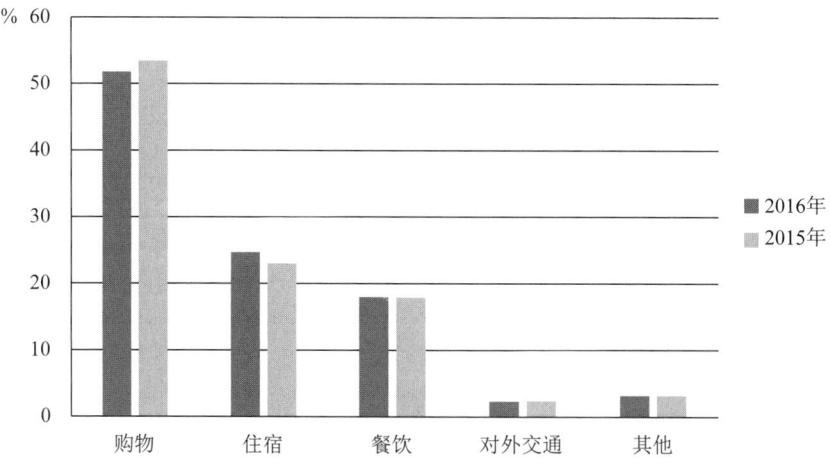

图 3-40　2015 年和 2016 年中国内地游客在澳门单项消费情况

资料来源：根据澳门政府旅游局官方网站整理

三、中国台湾

（一）大陆游客统计信息

2016年大陆赴台旅游规模持续下滑。

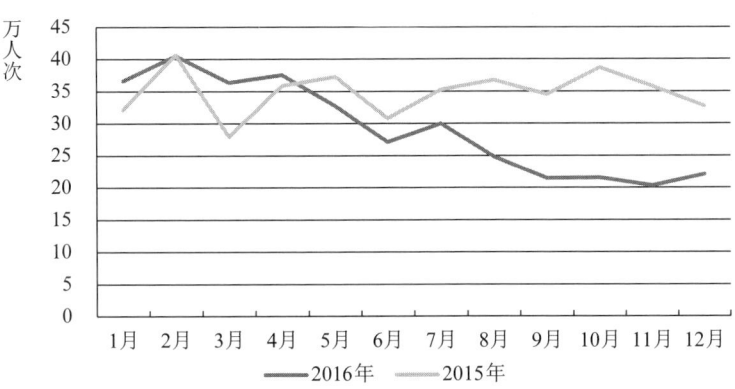

图 3-41　2015 年与 2016 年中国大陆赴台湾旅游人次

资料来源：根据台湾相关部门资料整理

（二）大陆游客人文特征统计

2016 年全年，大陆赴台湾旅游者中 39.5% 为男性，60.5% 为女性。女性游客仍占大多数。

（三）大陆游客赴台消费特征

（1）观光依然是中国大陆游客访台的主要目的。相比 2015 年，以医疗为旅游目的的大陆游客，同比增加 1.1 个百分点。

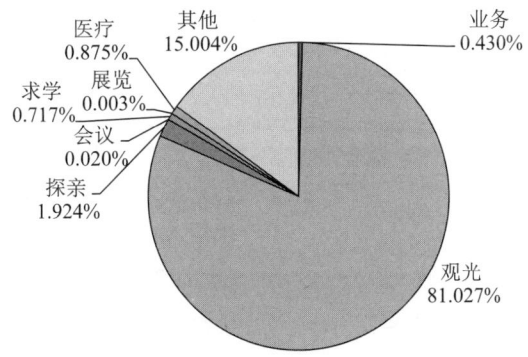

图 3-42　2016 年中国大陆赴台湾游客旅游目的分布

（2）消费水平略有下降。

2016年大陆游客在台平均每人每日消费227.58美元，较2015年减少5.95%。相比其他客源市场，大陆游客在购物上的花费最高，平均每人每日花费120.03美元。

（3）购物消费所占比重最大。住宿、交通和餐饮为其他的主要消费项目。

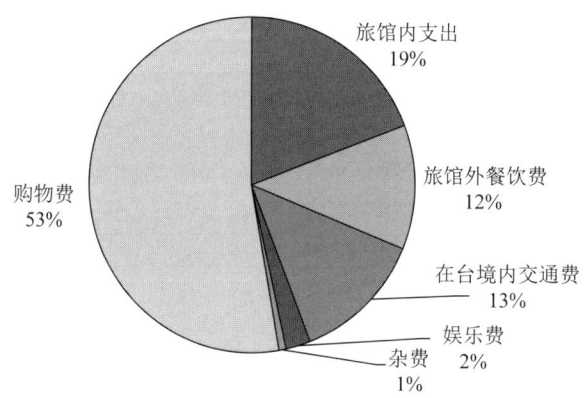

图3-43　2016年中国大陆赴台湾游客旅游消费结构

资料来源：根据台湾相关部门资料整理

（4）服饰、特产、珠宝等为大陆观光团队游客在台湾的主要购物项目。

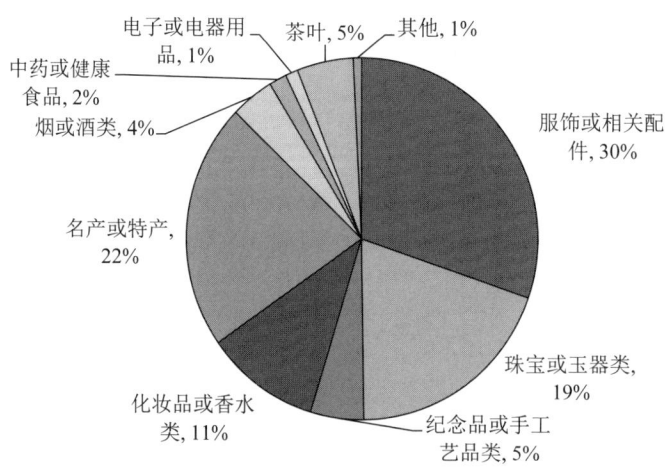

图3-44　2016年中国大陆团队游客在台湾单项购物消费情况

资料来源：根据台湾相关部门资料整理

四、日本

（一）中国游客统计信息

赴日旅游高速增长。2016年，中国赴日本旅游人次达637.3万人次，同比增长27.6%。从月度数据来看，每年的七八月份为出游旺季。

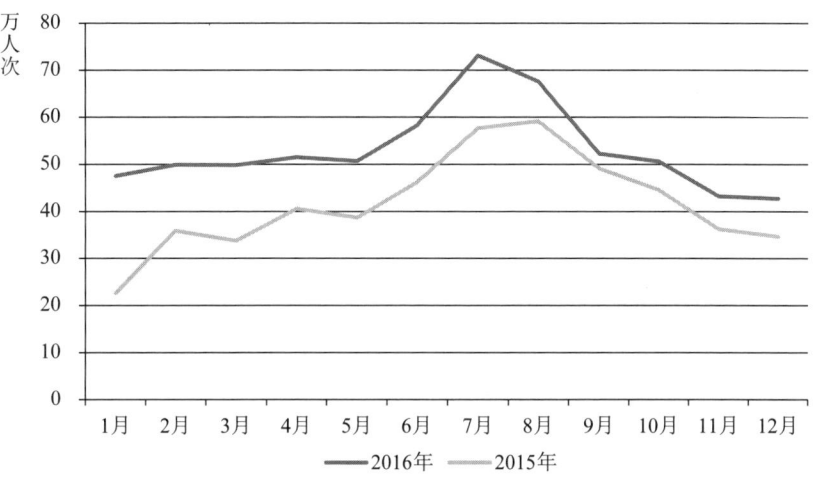

图3-45　2015年和2016年中国赴日本旅游人次及变化情况

（二）中国游客消费决策影响因素

根据2016年的统计调查数据，近六成中国游客是首次赴日旅游。

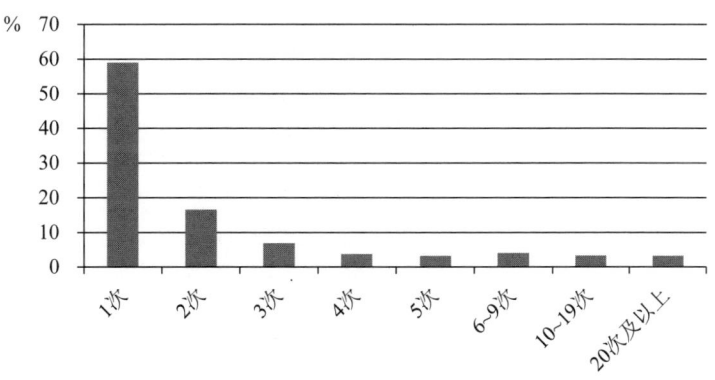

图3-46　2016年中国游客访日次数分布

资料来源：日本政府观光局

（三）中国游客消费决策特征

（1）大多数游客选择与家人、朋友结伴旅行。其中，超过三分之一的游客选择与家人同行。

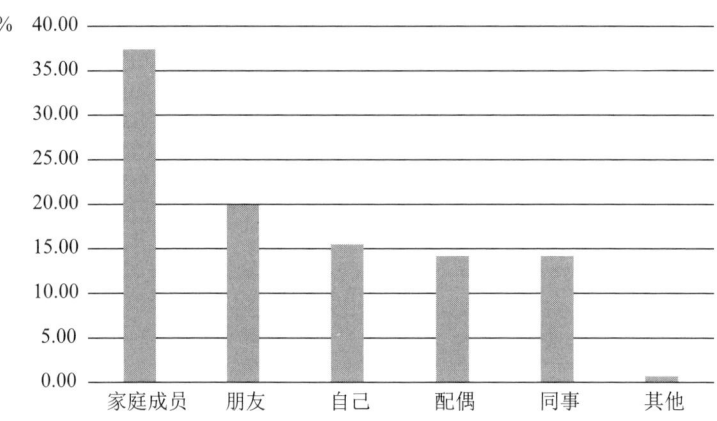

图 3-47　2016 年中国游客访日结伴方式分布

资料来源：日本政府观光局

（2）散客化趋势明显。2016 年，35.9% 的中国游客采用跟团方式，47.7% 选择个人自助游，剩余 16.4% 的游客购买自由行旅游产品。

（3）中国游客赴日消费更加多元化。其中，购物依然是游客支出最大的消费项目。

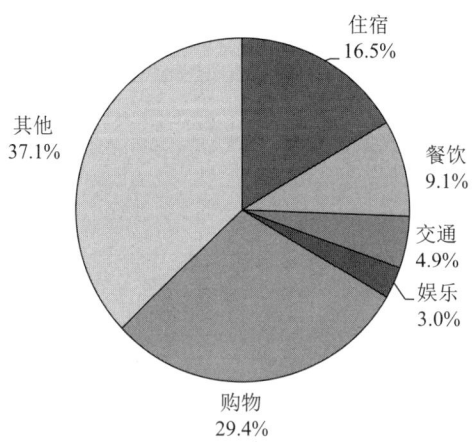

图 3-48　2016 年中国游客访日旅游消费分布

资料来源：日本政府观光局

（4）超过75%的中国游客赴日旅游的目的为旅游/休闲。

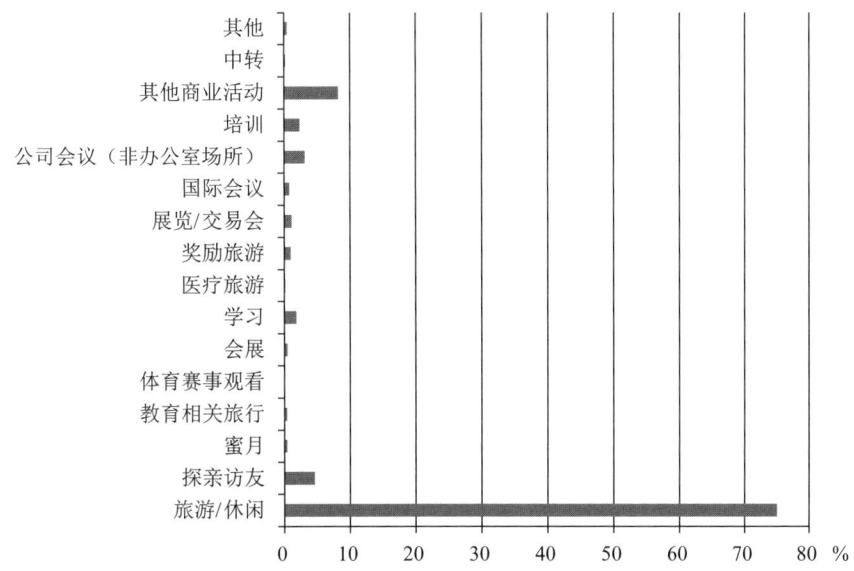

图 3-49　2016年中国游客访日目的分布

资料来源：日本政府观光局

（5）中国绝大多数访日游客在住宿时选择西式酒店。

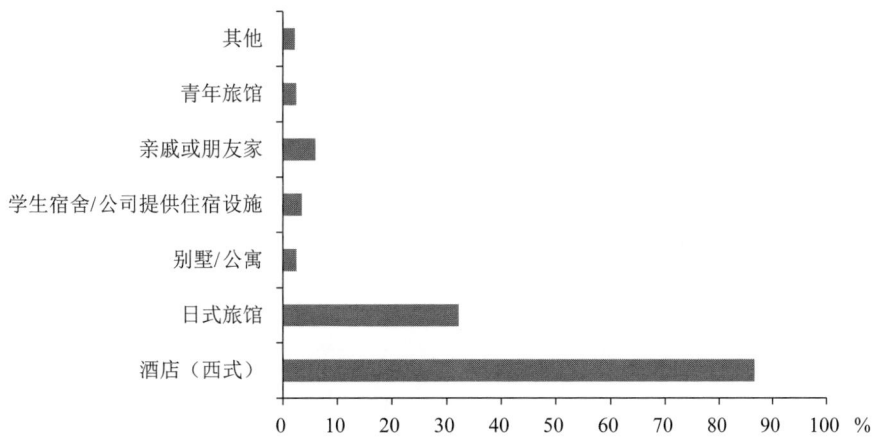

图 3-50　2016年中国访日游客选择的住宿类型

资料来源：日本政府观光局

（6）绝大多数中国赴日游客在日停留时间为 4~13 天。

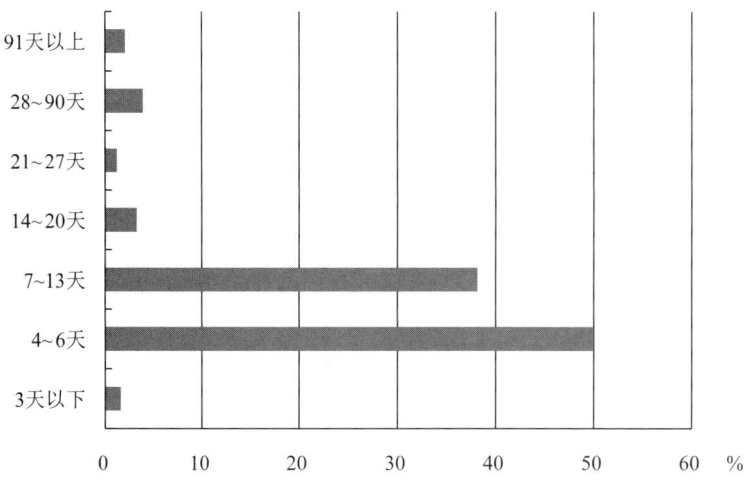

图 3-51　2016 年中国访日游客停留时间长度分布

资料来源：日本政府观光局

（四）中国游客赴日满意度分析

（1）中国赴日游客的满意度高。

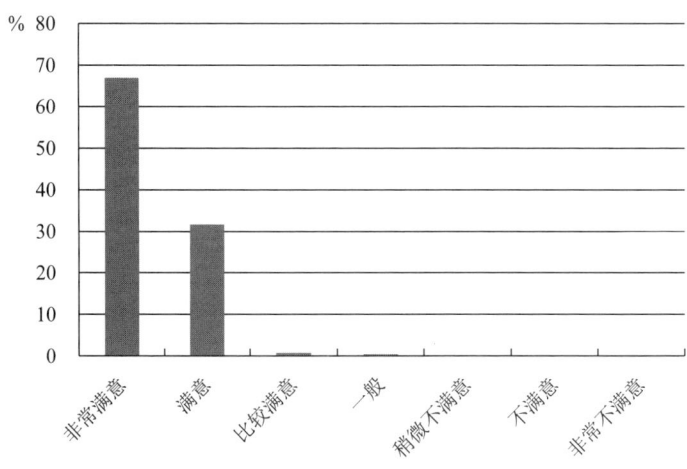

图 3-52　2016 年中国游客访日总体满意度分布

资料来源：日本政府观光局

（2）赴日旅游意愿强。近六成中国游客认为未来一定会再次到访日本。

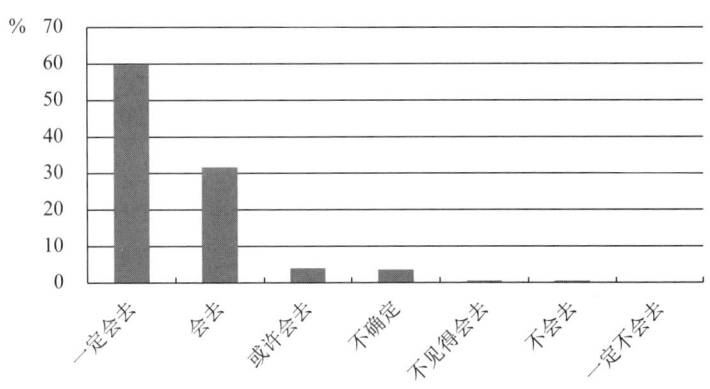

图 3-53　2016 年中国游客访日意愿分布

资料来源：日本政府观光局

五、美国

（一）中国游客统计信息

2016 年中国赴美游客量为 297.2 万人次，与 2015 年同期相比增长 15%。预计 2017 年中国赴美游客量仍会增长，但增速放缓。

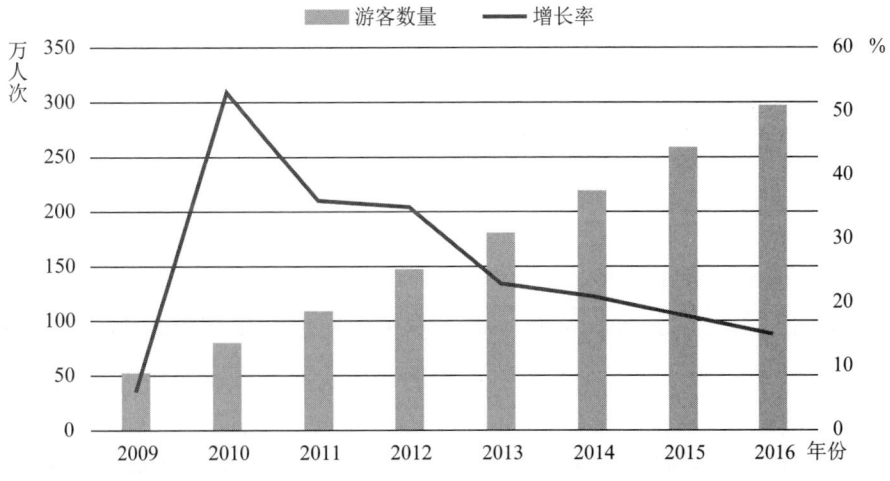

图 3-54　2009 年—2016 年中国赴美游客人数情况

资料来源：美国商务部旅行及旅游业办公室

(二)中国游客人文统计特征

1. 性别

2016年,中国赴美旅游的游客中,男性占比55%,女性游客占比45%。相比2015年,男性游客增加1个百分点。

2. 年龄

中国赴美男性和女性游客的平均年龄都为35岁。中青年群体为赴美游客的主体。

(三)中国游客消费决策影响因素

1. 休闲度假是中国赴美游客的主要目的

教育与探亲访友游客比例下降,医疗和会议/交易会游客比例上升。

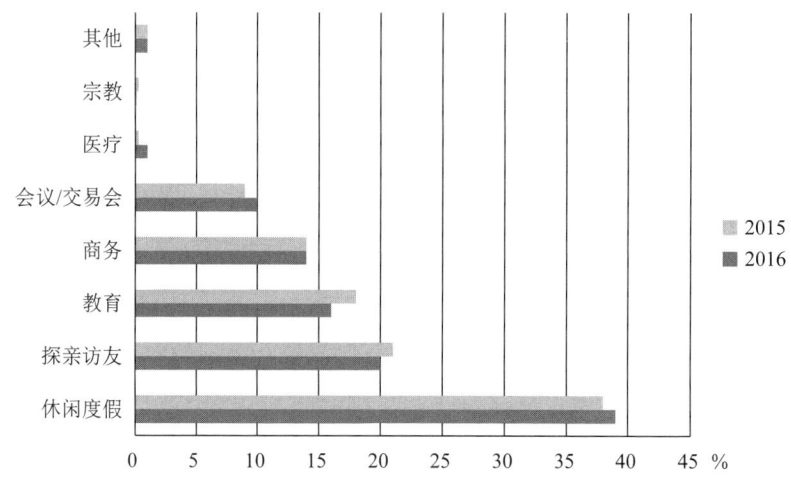

图3-55 2015年与2016年中国游客赴美国出行目的

资料来源:美国商务部旅行及旅游业办公室

2. 首次赴美游客仍占多数

从2016年调查统计数据来看,第一次访美游客的比例为43%,与2015年相比上升1个百分点,超过半数的中国游客是两次或两次以上访美。

(四)中国游客消费决策特征

(1)购物与城市观光依然为中国游客赴美旅游的主要旅游项目。中国在游客美旅游活动更加丰富,更多游客到艺术长廊/博物馆、乡村、文化遗产、音乐会等景点参观。

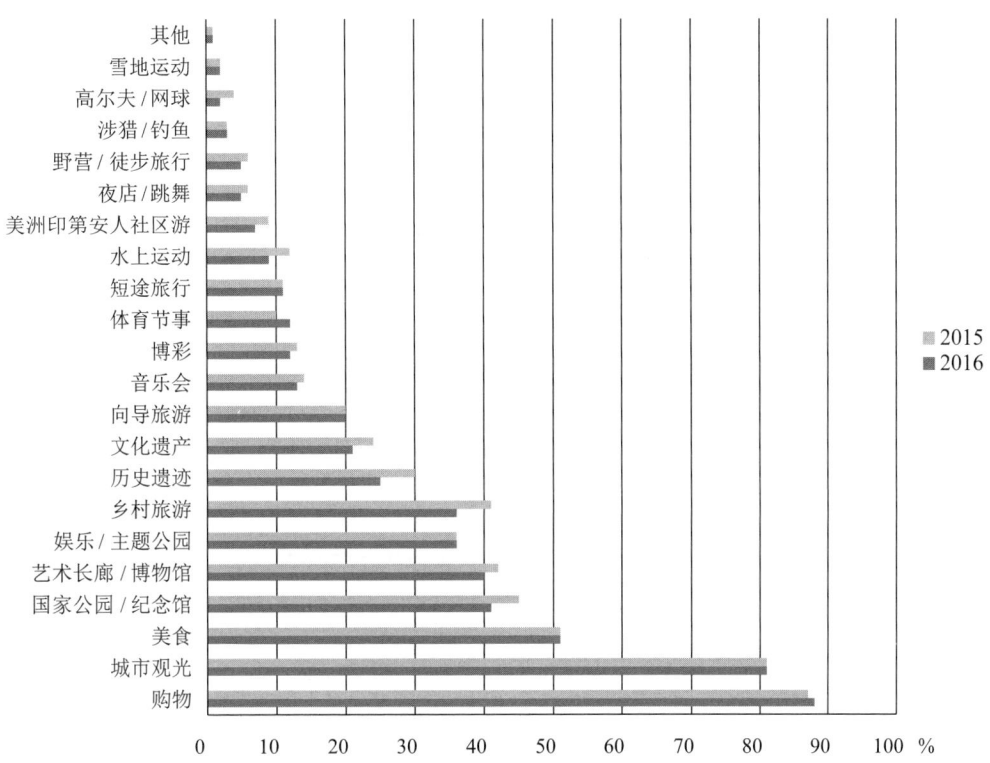

图 3-56　2015 年与 2016 年中国游客在美旅游活动情况

资料来源：美国商务部旅行及旅游业办公室

（2）通过航空公司和个人推荐来获得旅游信息的游客占比增加。

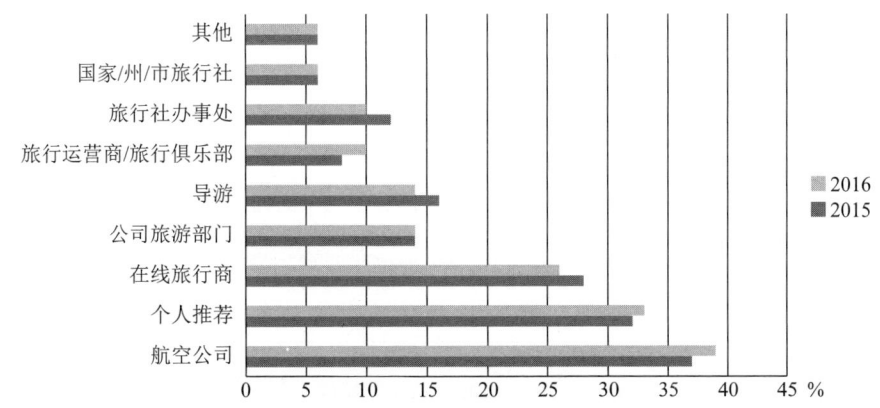

图 3-57　2015 年与 2016 年中国大陆游客赴美国信息来源分布

资料来源：美国商务部旅行及旅游业办公室

（3）境内航空和公司/私有汽车是最主要的交通方式。城际巴士和城际火车的游客比例增加。共享骑乘服务是新出现的交通方式，预计将会有越来越多的人使用该种交通方式。

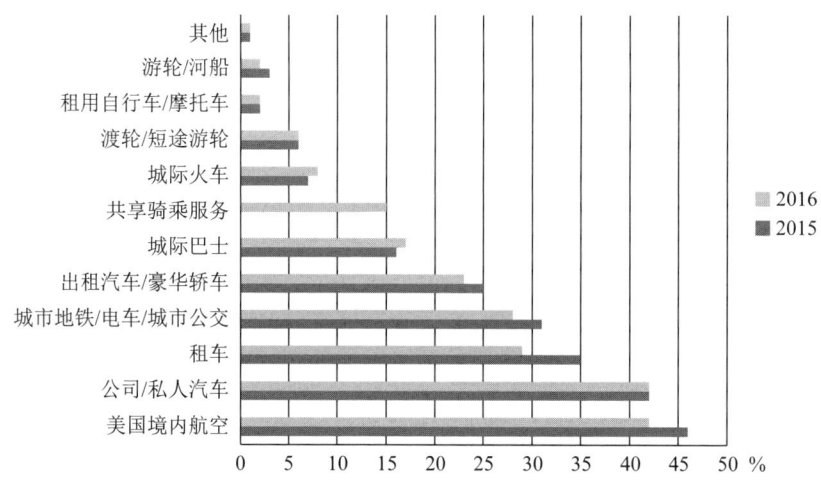

图 3-58　2015 与 2016 年中国游客赴美旅游在美国境内交通使用情况

资料来源：美国商务部旅行及旅游业办公室

六、南非

（一）中国游客（包括中国香港）统计信息

2015 年，中国赴南非旅游总人次为 8.5 万，较去年同比增长 2.2%。受南非国内局势不稳定等因素影响，近几年中国游客赴南非旅游态势出现较大波动。

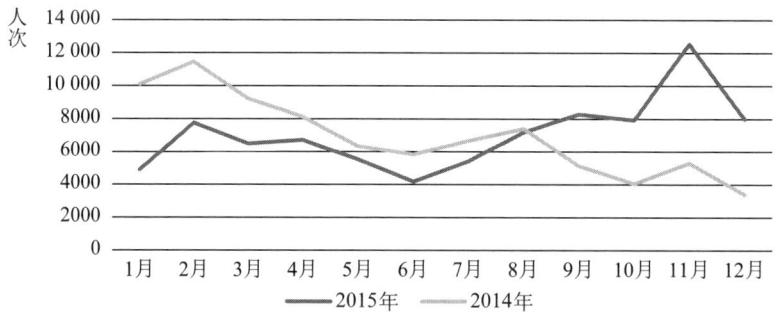

图 3-59　2014 年和 2015 年中国游客赴南非人数分布情况

资料来源：南非国家旅游局

（二）中国游客人文统计特征

中国赴南非旅游的游客以中青年为主，主要年龄分布在25~44岁之间。

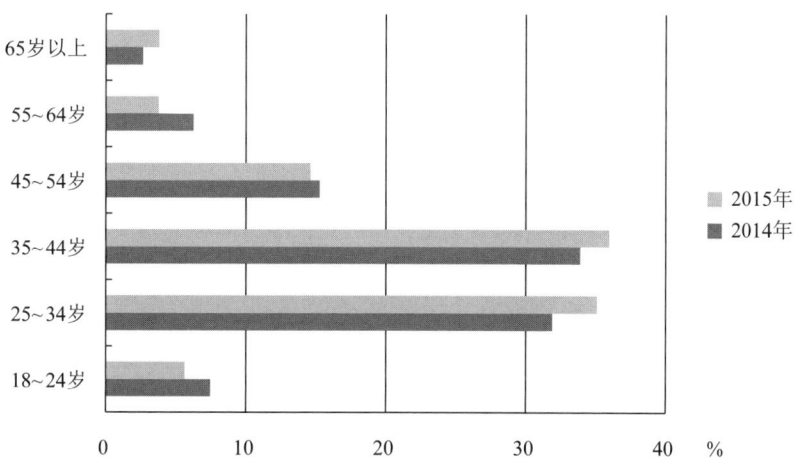

图3-60　2014年和2015年中国赴南非旅游者年龄分布

资料来源：南非国家旅游局

（三）中国游客消费决策影响因素

（1）休闲是中国游客赴南非旅游的主要目的。受南非经济下滑影响，2015年商务游客同比出现下降。

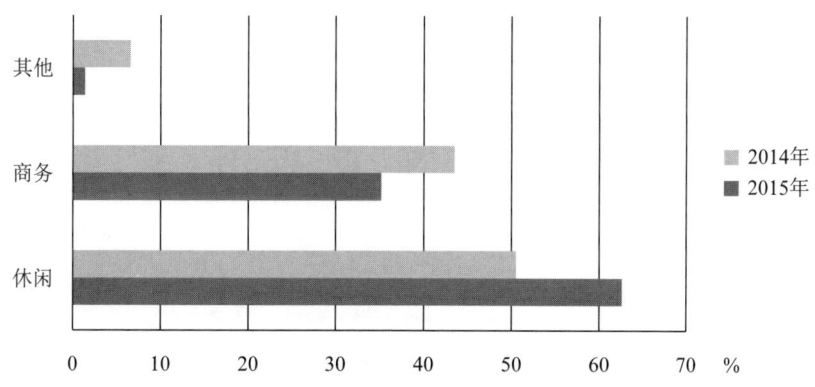

图3-61　2014年和2015年中国游客赴南非旅游目的分布情况

资料来源：南非国家旅游局

（2）近半成中国游客是首次赴南非旅游。

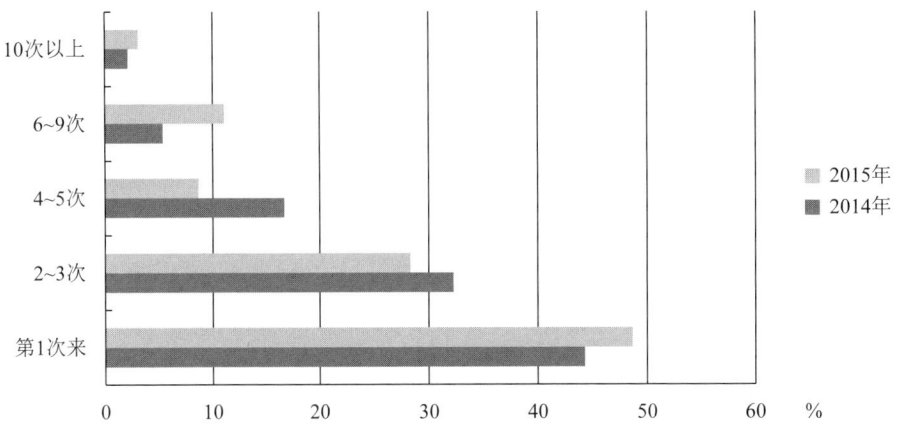

图 3-62　2014 年和 2015 年中国赴南非游客访问次数分布情况

资料来源：南非国家旅游局

（四）中国游客消费特征

（1）中国游客赴南非参与的主要活动为购物、夜生活、参观自然景观及商务活动等。

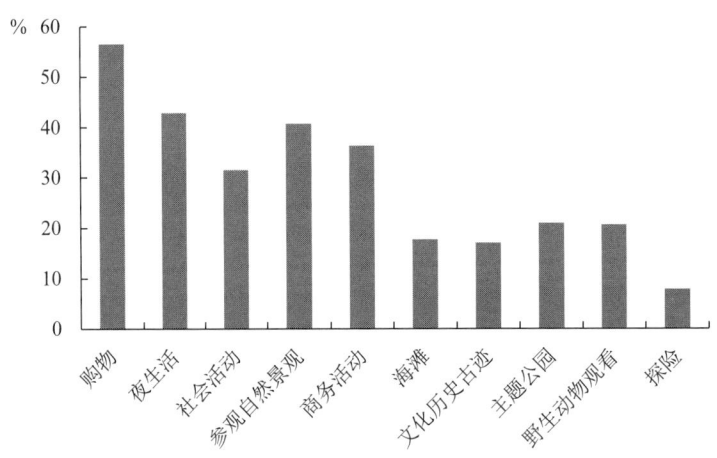

图 3-63　2015 年中国游客在南非旅游活动安排情况

资料来源：南非国家旅游局

（2）停留时间缩短。

2015 年，中国游客在南非平均停留时间为 5.7 晚，相比 2014 年（13.4 晚），停留时间缩短近一周。

（3）豪登省和西开普省依然是中国游客赴南非的首要目的地。

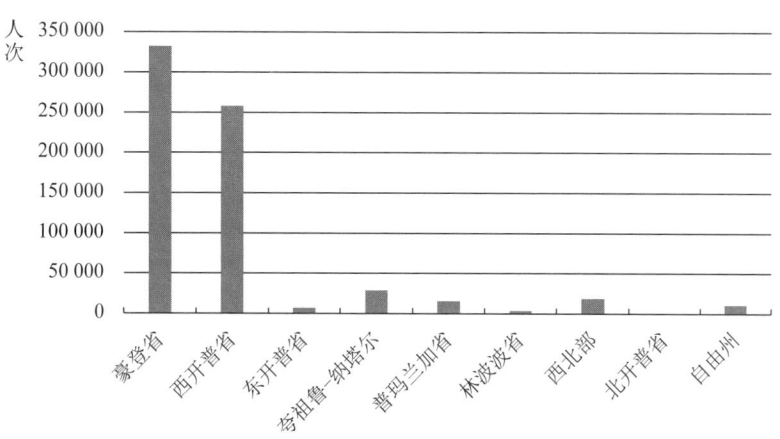

图 3-64　2016 年中国游客在南非各省的分布情况

资料来源：南非国家旅游局

七、澳大利亚

（一）中国游客统计信息

2016 年中国赴澳大利亚旅游人数为 119.6 万人次，同比增长 17.2%。

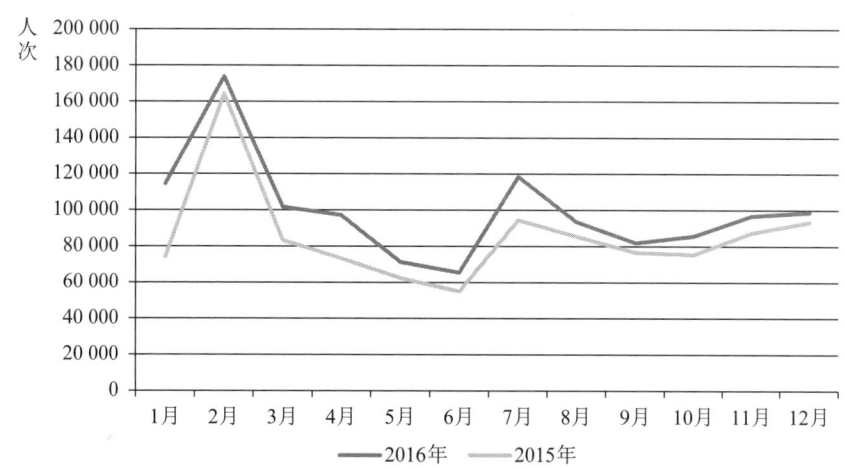

图 3-65　2015 年和 2016 年中国赴澳大利亚旅游人次及变化情况

资料来源：澳大利亚国家统计局

（二）中国游客消费决策影响因素

（1）度假是中国游客赴澳大利亚旅游的主要目的，其次是探亲访友和教育。

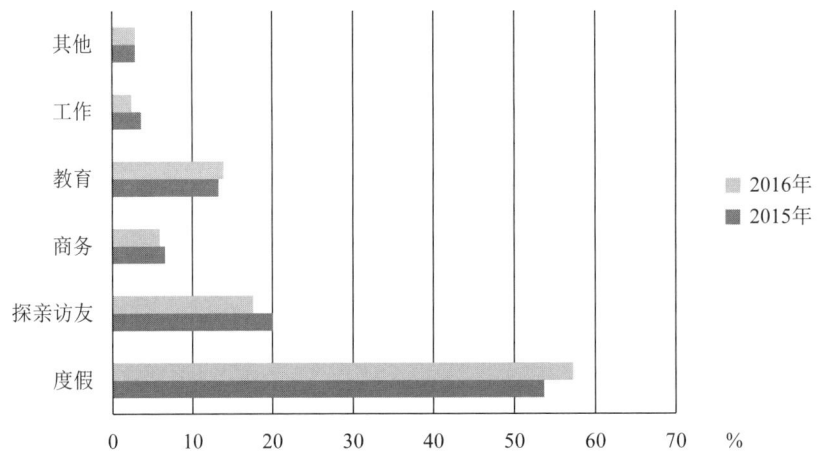

图 3-66　2016 年中国游客赴澳大利亚旅游目的分布

（2）超过半数的中国游客首次赴澳大利亚旅游。

根据国际游客抽样调查，2016 年第一次赴澳大利亚旅游的游客占 52.4%，47.6% 的游客为重游者。

（三）中国大陆游客消费结构特征

（1）中国游客在澳大利亚停留时间较长。

2016 年，中国游客在澳大利亚的平均停留时间为 41.2 晚，与去年基本持平。

（2）中国持续成为澳大利亚最大的旅游消费市场。

2016 年，中国大陆游客在澳大利亚的总消费为 91.73 亿澳元，同比增长 11.0%。中国继续作为澳大利亚最大的入境消费市场，占澳大利亚入境收入的 23.5%。

（3）中国游客用于餐饮、教育、团费和购物的费用最高。其中，2016 年中国游客用于购物的费用同比有所下降。

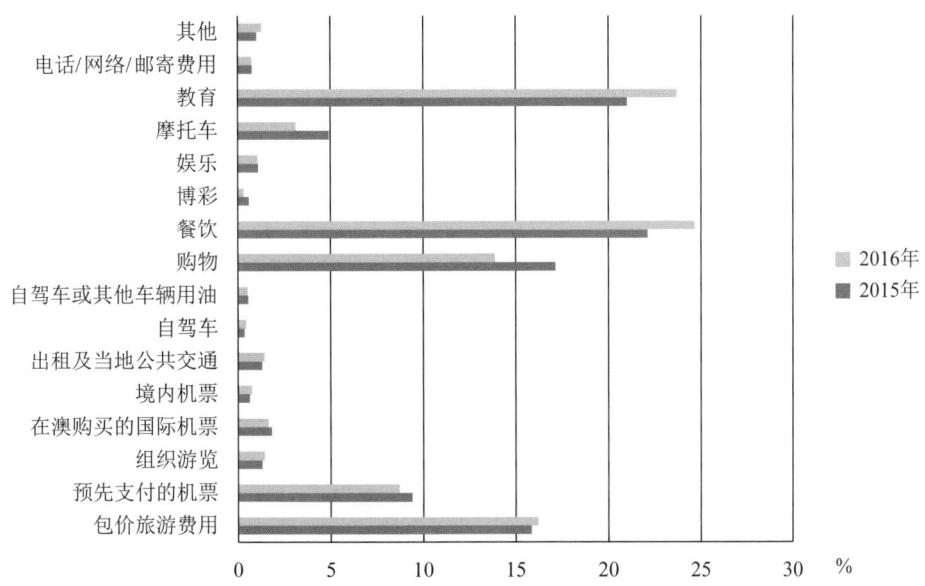

图 3-67 2016 年中国游客赴澳大利亚消费分布

资料来源：澳大利亚国家旅游局

第四章
目的地滿意狀況

第一节　总体状况

2016年，中国出国游客总体上"基本满意"。中国出国游客满意度各季度都持续稳定在7.5分以上的"基本满意"水平，无论是游客对旅游服务质量的满意度评价还是对目的地国家或地区的总体满意度都达到7.5分以上。

总体上2016年第一至第四季度中国公民出国旅游满意度呈波动趋势，目的地总体满意度分别为7.92、7.60、7.81和7.82。对旅游服务质量的满意度略低于目的地总体满意度，依次为7.85、7.53、7.70和7.80（见图4-1、图4-2）。

全年有抱怨情绪的游客比例呈上升趋势，各季度依次为8.36%、8.71%、9.01%和9.62%。有投诉情绪的游客比例则呈波动趋势，其中第一、第三季度较低，第二、第四季度有所上升，但均不高于1.16%，相比2015年，游客的投诉情绪比例有所下降。游客对投诉处理的平均满意程度总体上表现出平稳趋势，除第二季度有较大幅度下降，仅为5.68分，其余三个季度均高于6.5分（见图4-3）。

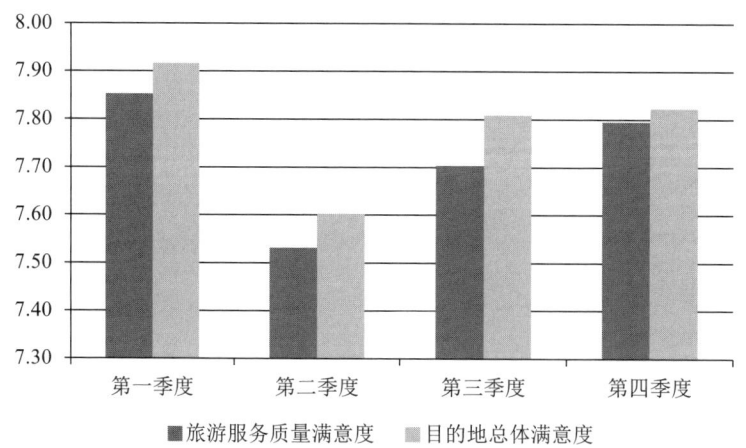

图4-1　2016年各季度中国公民出国旅游满意度

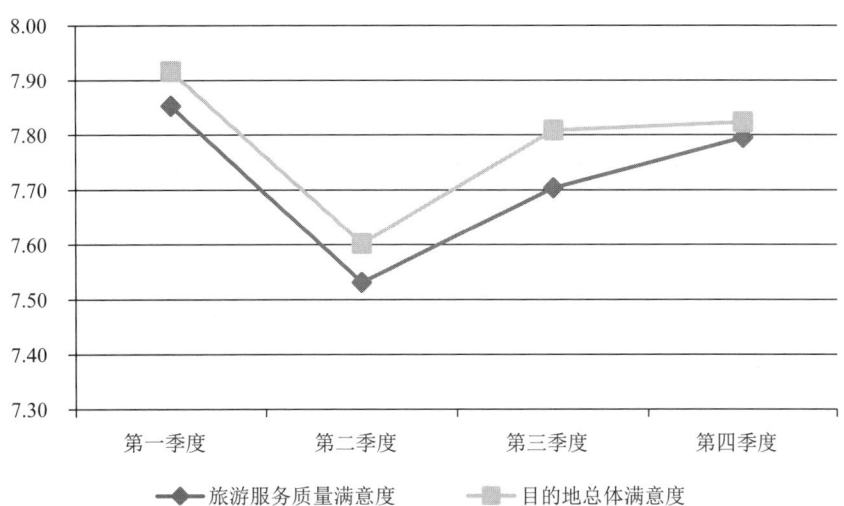

图 4-2　2016 年各季度旅游服务质量满意度和目的地总体满意度

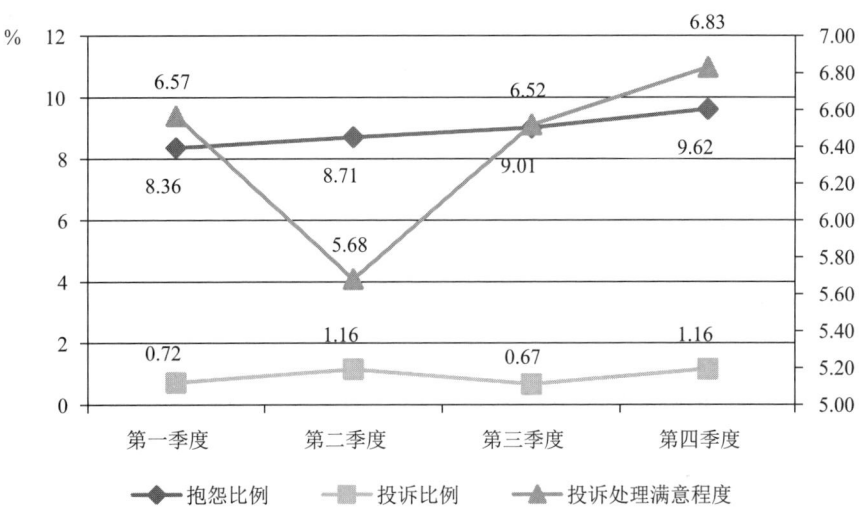

图 4-3　2016 年中国公民出国旅游抱怨、投诉比例和投诉处理满意度

第二节 目的地满意度状况

2016年24个样本国家和地区中有23个达到75分以上的"基本满意"水平，样本国家游客满意度从高到低依次是：新加坡83.46、新西兰82.77、美国81.97、日本81.89、韩国81.57、澳大利亚81.45、印度尼西亚81.40、越南81.08、加拿大81.07、法国80.97、柬埔寨80.87、德国80.46、南非80.33、意大利80.32、泰国80.30、英国80.22、马来西亚80.11、西班牙79.35、俄罗斯79.14、菲律宾78.39、阿根廷77.51、印度76.96、巴西76.39、蒙古72.17。

2016年各个样本国家的游客满意度指数整体上有所提高，其中新加坡、新西兰、美国、日本等国家的游客满意度稳定在前列，越南、柬埔寨、南非等国家的游客满意度指数上升幅度较大。

一、基本满意水平

（一）新加坡

1. 游客满意度得分及排名

全年到访新加坡的中国公民游客满意度为83.46，在24个抽样国家中排名第1。

2. 问卷调查分析

问卷满意度平均得分为8.11分，比总体平均分7.89分高0.22分，在被调查的24个国家中排第6名；得分最高的三项是自驾车、银行刷卡便利性和美丽程度，得分分别为8.51、8.38和8.36；得分最低的三项是外方旅行社、性价比和旅游价格，得分分别为7.89、7.58和7.53。

3. 网络评论分析

2016年新加坡评论调查的游客满意度指数为83.43，较境外游总体满意度平均值高3.42。各单项满意度皆高于79分，其中，目的地形象和当地居民态度得分最高,分别为 89.55 分、88.21 分;满意度最低的是住宿,为 79.24 分。

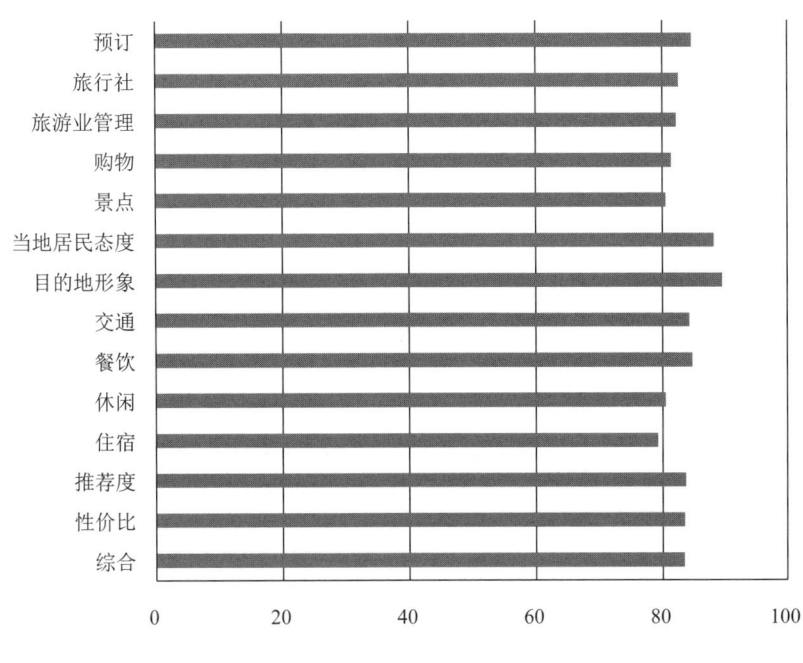

图 4-4　新加坡各项目得分

(二)新西兰

1. 游客满意度得分及排名

全年到访新西兰的中国公民游客满意度为 82.77 分,在 24 个抽样国家中排名第 2。

2. 问卷调查分析

问卷满意度平均得分为 8.05 分,比总体平均分 7.89 分高 0.16 分,在被调查的 24 个国家中排第 10 名;得分最高的三项是自驾车、美丽程度和自然生态,得分分别为 8.4、8.38 和 8.37;得分最低的三项是性价比、旅游价格及中文标识、信息和服务,得分分别为 7.61、7.58 和 7.52。

3. 网络评论分析

2016 年新西兰评论调查的游客满意度指数为 82.86,较境外游总体满意度平均值高 2.85。各单项满意度皆高于 77 分,其中,目的地形象和当地居民态度得分最高,分别为 90.03 分、88.26 分;满意度最低的是休闲,为 77.70 分。

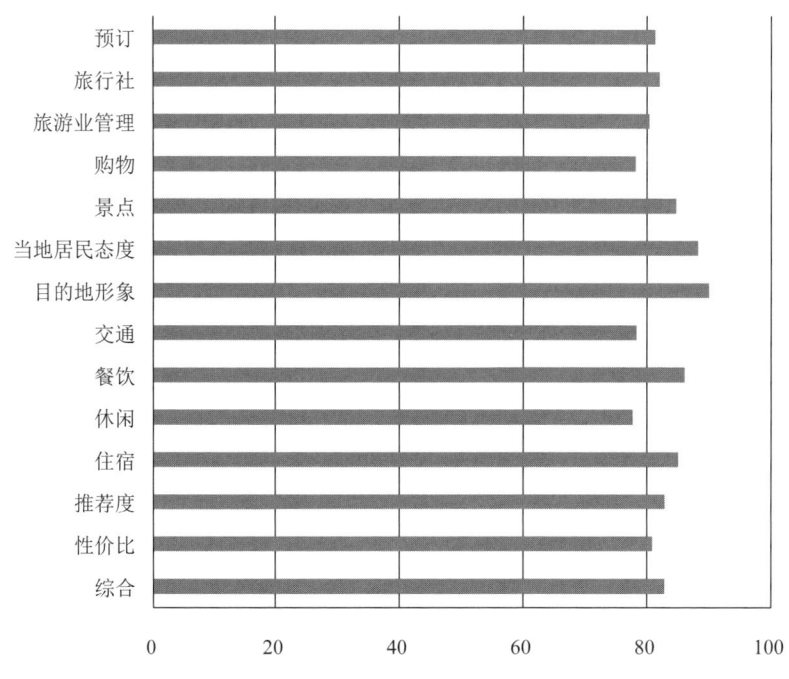

图4-5　新西兰各项目得分

（三）美国

1.游客满意度得分及排名

全年到访美国的中国公民游客满意度为81.97，在24个抽样国家中排名第3。

2.问卷调查分析

问卷满意度平均得分为8.11分，比总体平均分7.89分高0.22分，在被调查的24个国家中排第6名；得分最高的三项是知名度、自驾车和信息化程度，得分分别为8.57、8.48和8.46；得分最低的三项是中文标识、信息和服务，性价比，旅游价格，得分分别为7.57、7.53和7.48。

3.网络评论分析

2016年美国评论调查的游客满意度指数为81.93，较境外游总体满意度平均值高1.92。各单项满意度皆高于76分，其中，目的地形象和当地居民态度得分最高，分别为88.00、87.69分；满意度最低的是旅游业管理，为76.52分。

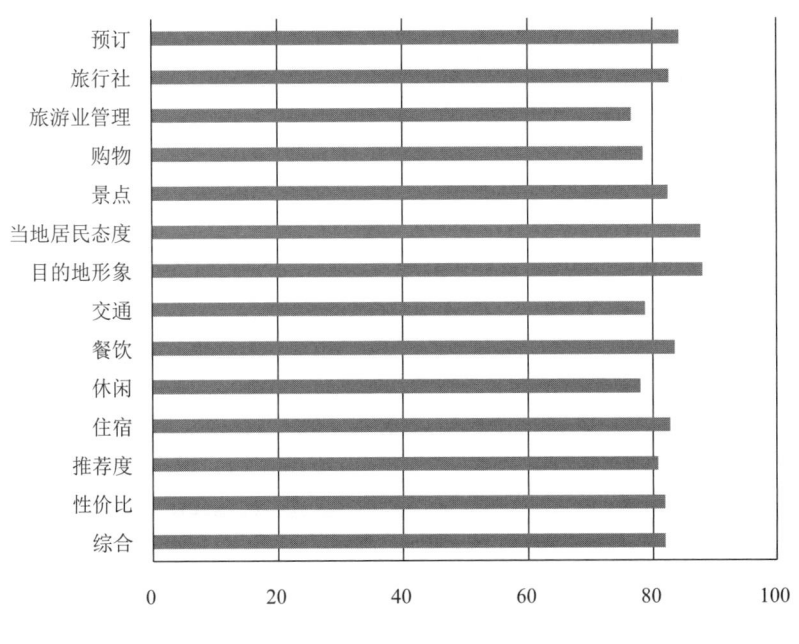

图 4-6　美国各项目得分

(四) 日本

1. 游客满意度得分及排名

全年到访日本的中国公民游客满意度为 81.89，在 24 个抽样国家中排名第 4。

2. 问卷调查分析

问卷满意度平均得分为 8.10 分，比总体平均分 7.89 分高 0.21 分，在被调查的 24 个国家中排第 8 名；得分最高的三项是自驾车、知名度和卫生设施，得分分别为 8.50、8.32 和 8.32；得分最低的三项是中文标识、信息和服务，性价比和旅游价格，得分分别为 7.70、7.59 和 7.49。

3. 网络评论分析

2016 年日本评论调查的游客满意度指数为 81.75，较境外游总体满意度平均值高 1.74。各单项满意度皆高于 74 分，其中，当地居民态度得分最高，为 89.62 分；满意度最低的是旅游业管理，为 74.29 分。

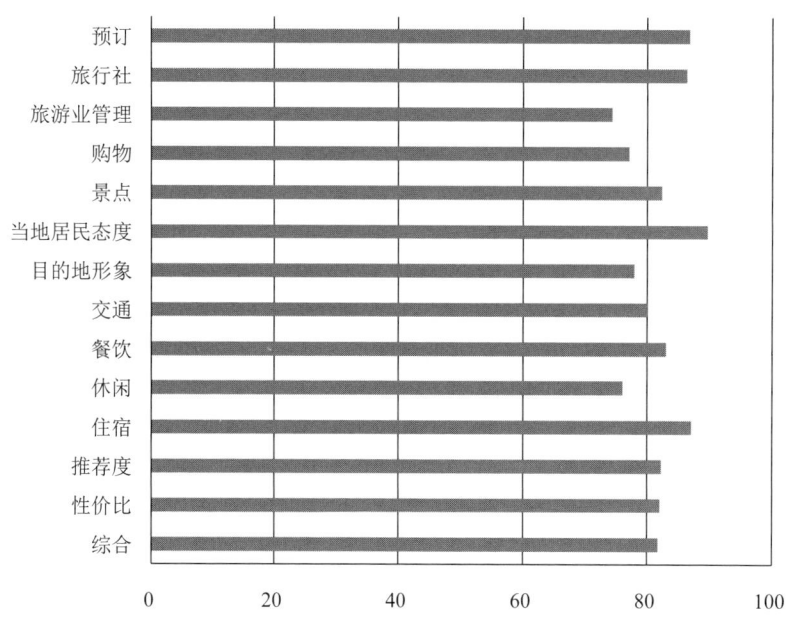

图 4-7 日本各项目得分

（五）韩国

1. 游客满意度得分及排名

全年到访韩国的中国公民游客满意度为 81.57，在 24 个抽样国家中排名第 5。

2. 问卷调查分析

问卷满意度平均得分为 7.96 分，比总体平均分 7.89 分高 0.07 分，在被调查的 24 个国家中排第 11 名；得分最高的三项是自驾车、银行刷卡便利性、火车站，得分分别为 8.35、8.23 和 8.21；得分最低的三项是中文标识、信息和服务，性价比和旅游价格，得分分别为 7.67、7.53 和 7.50。

3. 网络评论分析

2016 年韩国评论调查的游客满意度指数为 81.58，较境外游总体满意度平均值高 1.57。各单项满意度皆高于 75 分，其中，当地居民态度得分最高，为 89.96 分；满意度最低的是旅游业管理，为 75.03 分。

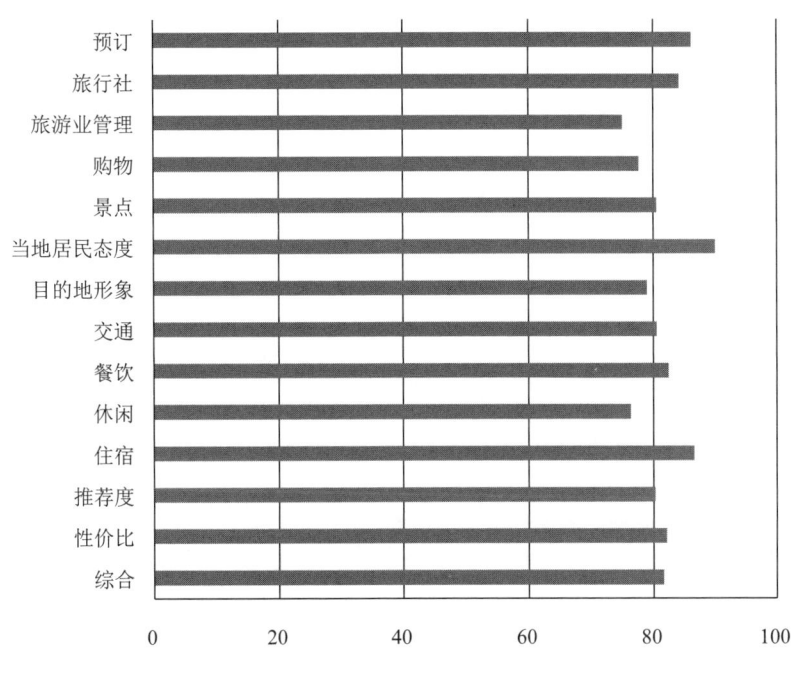

图 4-8 韩国各项目得分

（六）澳大利亚

1. 游客满意度得分及排名

全年到访澳大利亚的中国公民游客满意度为 81.45，在 24 个抽样国家中排名第 6。

2. 问卷调查分析

问卷满意度平均得分为 8.10 分，比总体平均分 7.89 分高 0.21 分，在被调查的 24 个国家中排第 8 名；得分最高的三项是自驾车、美丽程度和空气质量，得分分别为 8.55、8.39 和 8.39；得分最低的三项是性价比，中文标识、信息和服务及旅游价格，得分分别为 7.61、7.55 和 7.53。

3. 网络评论分析

2016 年澳大利亚评论调查的游客满意度指数为 81.53，较境外游总体满意度平均值高 1.52。各单项满意度皆高于 75 分，其中，当地居民态度得分最高，为 87.35 分；满意度最低的是旅游业管理，为 75.64 分。

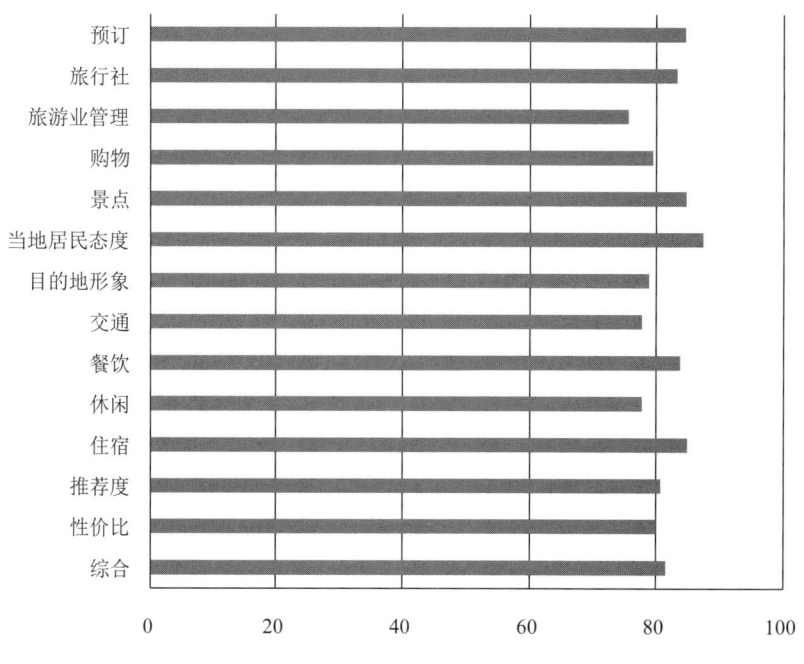

图 4-9 澳大利亚各项目得分

（七）印度尼西亚

1. 游客满意度得分及排名

全年到访印度尼西亚的中国公民游客满意度为 81.40，在 24 个抽样国家中排名第 7。

2. 问卷调查分析

问卷满意度平均得分为 7.78 分，比总体平均分 7.89 分低 0.11 分，在被调查的 24 个国家中排第 16 名；得分最高的三项是自驾车、火车站和美丽程度，得分分别为 8.29、8.12 和 8.09；得分最低的三项是性价比、安全感和中文标识、信息和服务，得分分别为 7.54、7.53 和 7.36。

3. 网络评论分析

2016 年印度尼西亚评论调查的游客满意度指数为 81.22，较境外游总体满意度平均值高 1.21。各单项满意度皆高于 71 分，其中，当地居民态度得分最高，为 90.14 分；满意度最低的是旅游业管理，为 71.18 分。

第四章 目的地满意状况
Chapter 4 Destination Satisfaction

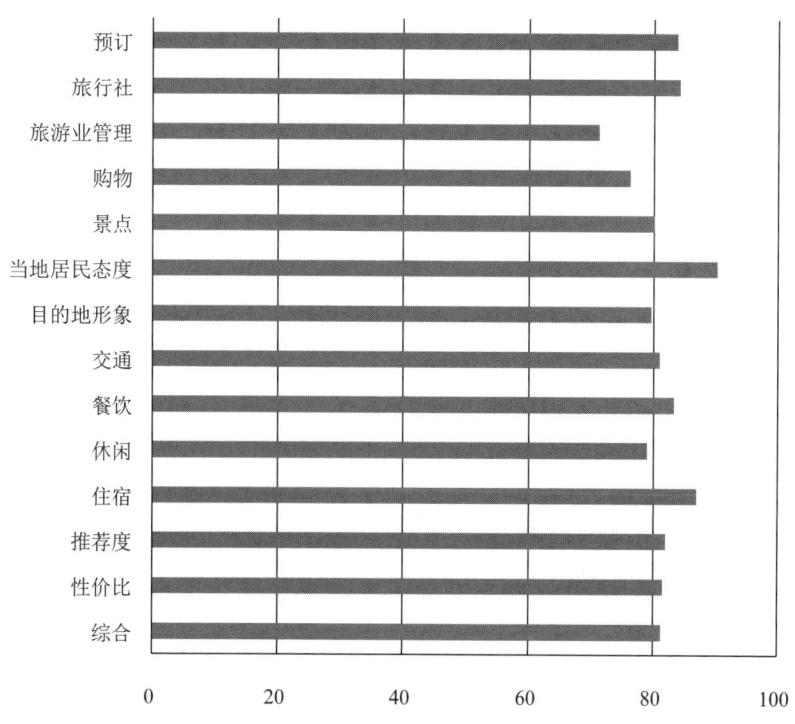

图4-10 印度尼西亚各项目得分

（八）越南

1. 游客满意度得分及排名

全年到访越南的中国公民游客满意度为81.08，在24个抽样国家中排名第8。

2. 问卷调查分析

问卷满意度平均得分为7.43分，比总体平均分7.89分低0.46分，在被调查的24个国家中排第24名；得分最高的三项是自驾车、自然生态和园林绿化，得分分别为7.98、7.71和7.65；得分最低的三项是信息化程度、卫生设施和中文标识、信息和服务，得分分别为7.17、7.13和7.07。

3. 网络评论分析

2016年越南评论调查的游客满意度指数为80.96，较境外游总体满意度平均值高0.95。各单项满意度皆高于74分，其中，当地居民态度得分最高，为89.16分；满意度最低的是旅游业管理，为74.92分。

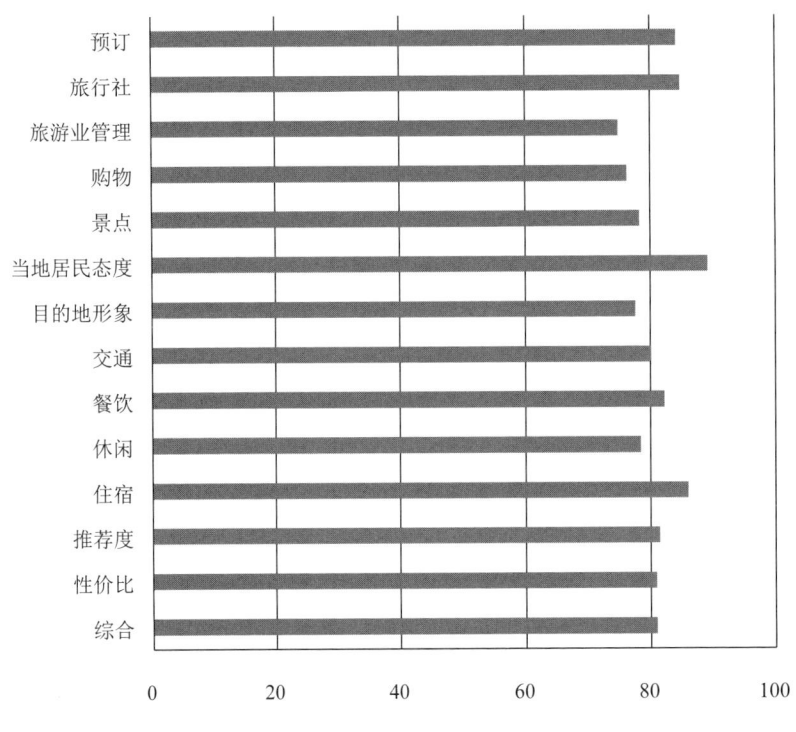

图 4-11 越南各项目得分

（九）加拿大

1. 游客满意度得分及排名

全年到访加拿大的中国公民游客满意度为 81.07，在 24 个抽样国家中排名第 9。

2. 问卷调查分析

问卷满意度平均得分为 8.12 分，比总体平均分 7.89 分高 0.23 分，在被调查的 24 个国家中排第 5 名；得分最高的三项是自驾车、美丽程度和银行刷卡便利性，得分分别为 8.50、8.38 和 8.35；得分最低的三项是性价比、中文标识、信息和服务及旅游价格，得分分别为 7.64、7.62 和 7.57。

3. 网络评论分析

2016 年加拿大评论调查的游客满意度指数为 81.28，较境外游总体满意度平均值高 1.27。各单项满意度皆高于 73 分，其中，当地居民态度得分最高，为 88.58 分；满意度最低的是旅游业管理，为 73.65 分。

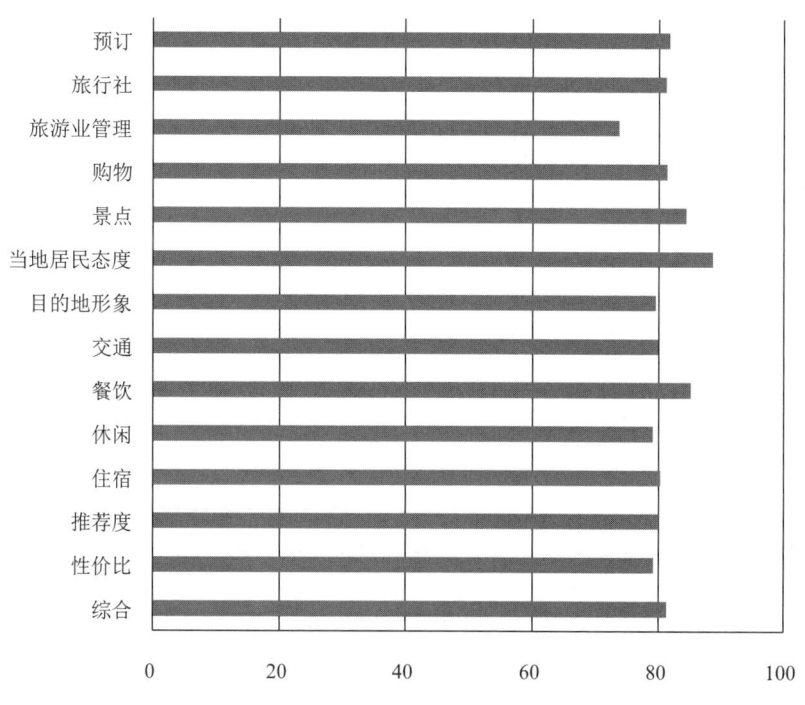

图 4-12 加拿大各项目得分

（十）法国

1. 游客满意度得分及排名

全年到访法国的中国公民游客满意度为 80.97，在 24 个抽样国家中排名第 10。

2. 问卷调查分析

问卷满意度平均得分为 8.22 分，比总体平均分 7.89 分高 0.33 分，在被调查的 24 个国家中排第 1 名；得分最高的三项是知名度、美丽程度和信息化程度，得分分别为 8.66、8.57 和 8.51；得分最低的三项是中文标识、信息和服务，性价比和旅游价格，得分分别为 7.75、7.67 和 7.63。

3. 网络评论分析

2016 年法国评论调查的游客满意度指数为 81.05，较境外游总体满意度平均值高 1.04。各单项满意度皆高于 72 分，其中，当地居民态度和预订网络得分最高，分别为 88.10 分、87.89 分；满意度最低的是旅游业管理，为 72.21 分。

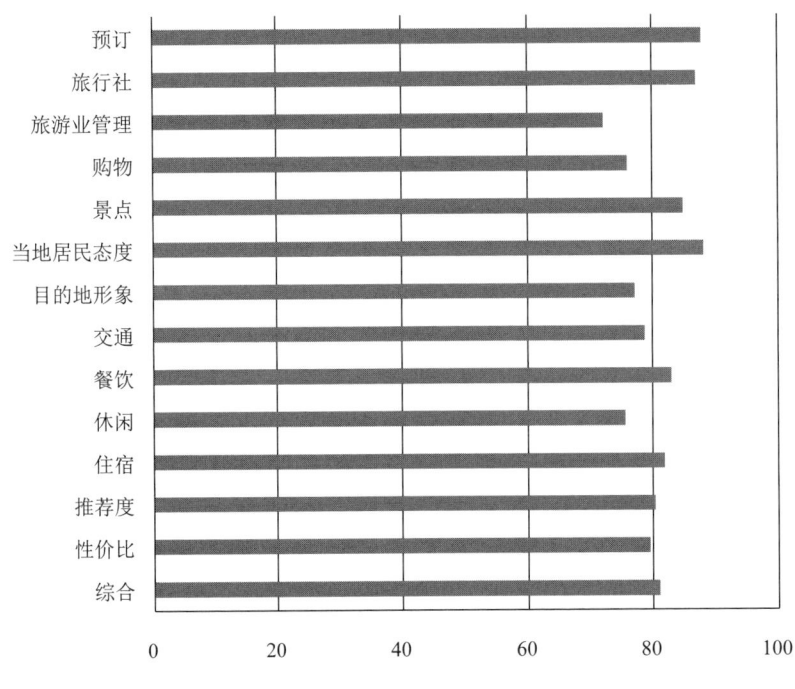

图 4-13 法国各项目得分

(十一) 柬埔寨

1. 游客满意度得分及排名

全年到访柬埔寨的中国公民游客满意度为 80.87，在 24 个抽样国家中排名第 11。

2. 问卷调查分析

问卷满意度平均得分为 7.46 分，比总体平均分 7.89 分低 0.43 分，在被调查的 24 个国家中排第 23 名；得分最高的三项是自驾车、空气质量和火车站，得分分别为 8.07、7.81 和 7.81；得分最低的三项是旅游公共服务、标准化程度和中文标识、信息和服务，得分分别为 7.25、7.23 和 7.06。

3. 网络评论分析

2016 年柬埔寨评论调查的游客满意度指数为 80.78，较境外游总体满意度平均值高 0.77。各单项满意度皆高于 74 分，其中，当地居民态度得分最高，为 87.35 分；满意度最低的是旅游业管理，为 74.01 分。

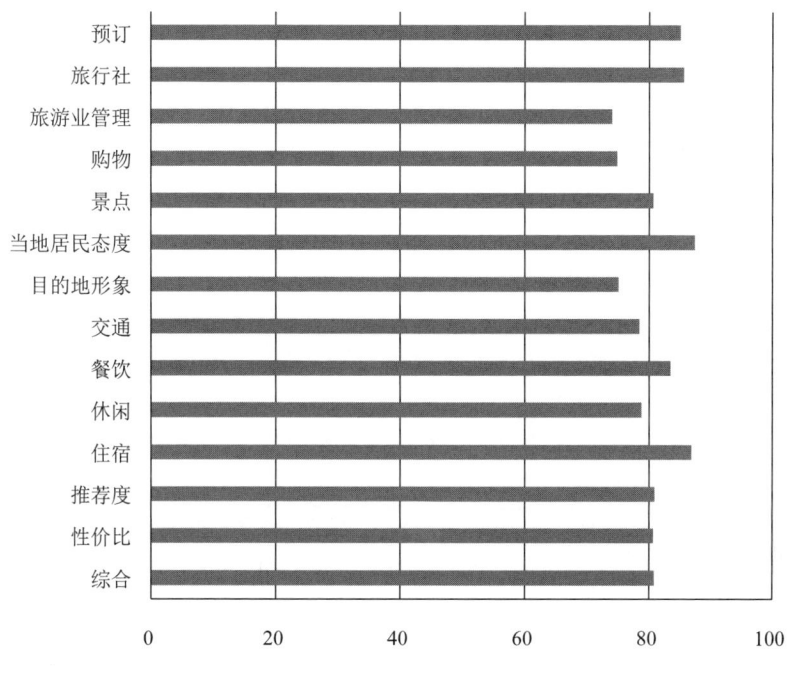

图 4-14 柬埔寨各项目得分

(十二) 德国

1. 游客满意度得分及排名

全年到访德国的中国公民游客满意度为 80.46，在 24 个抽样国家中排名第 12。

2. 问卷调查分析

问卷满意度平均得分为 8.14 分，比总体平均分 7.89 分高 0.25 分，在被调查的 24 个国家中排第 3 名；得分最高的三项是自驾车、知名度和美丽程度，得分分别为 8.53、8.45 和 8.44；得分最低的三项是性价比、旅游价格及中文标识、信息和服务，得分分别为 7.68、7.58 和 7.54。

3. 网络评论分析

2016 年德国评论调查的游客满意度指数为 80.10，较境外游总体满意度平均值低 0.09。各单项满意度皆高于 73 分，其中，当地居民态度和网络预订得分最高，分别为 88.64 分、87.68 分；满意度最低的是旅游业管理，为 73.21 分。

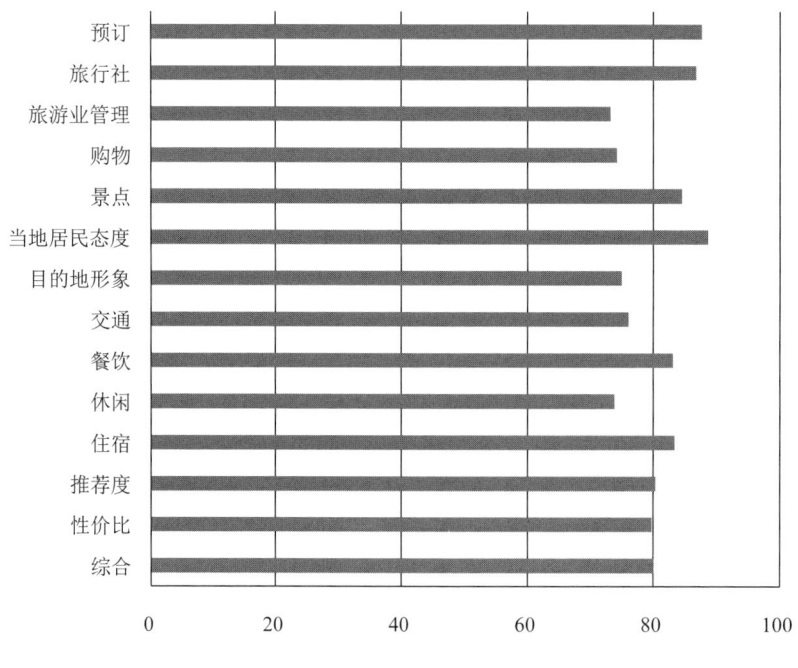

图 4-15 德国各项目得分

（十三）南非

1. 游客满意度得分及排名

全年到访南非的中国公民游客满意度为 80.33，在 24 个抽样国家中排名第 13。

2. 问卷调查分析

问卷满意度平均得分为 7.63 分，比总体平均分 7.89 分低 0.26 分，在被调查的 24 个国家中排第 20 名；得分最高的三项是自驾车、景区景点和火车站，得分分别为 8.04、8.04 和 8.04；得分最低的三项是旅游价格、安全感和中文标识、信息和服务，得分分别为 7.45、7.38 和 7.26。

3. 网络评论分析

2016 年南非评论调查的游客满意度指数为 80.63，较境外游总体满意度平均值高 0.62。各单项满意度皆高于 73 分，其中，网络预订和住宿得分最高，为 87.33 分、87.27 分；满意度最低的是旅游业管理，为 73.40 分。

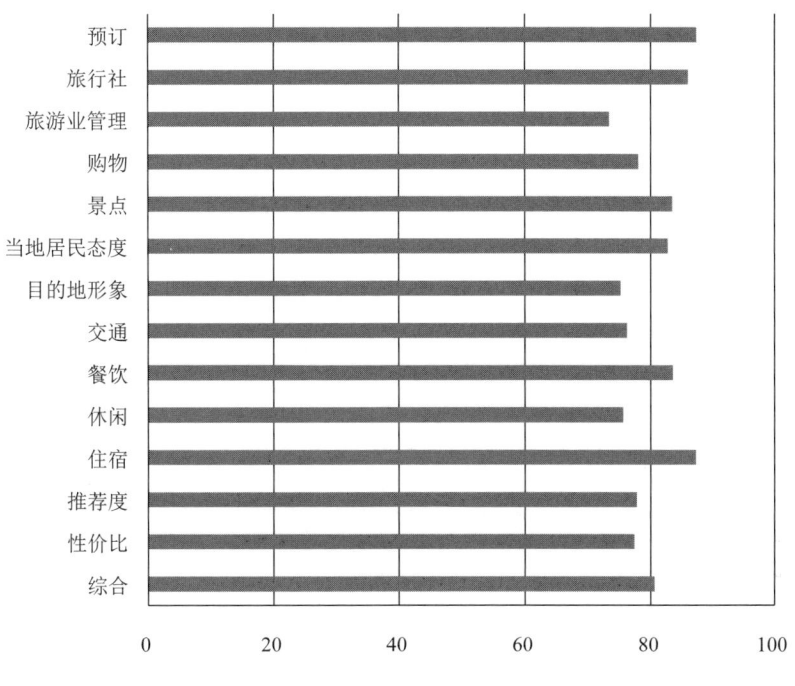

图 4-16 南非各项目得分

（十四）意大利

1. 游客满意度得分及排名

全年到访意大利的中国公民游客满意度为 80.32，在 24 个抽样国家中排名第 14。

2. 问卷调查分析

问卷满意度平均得分为 8.14 分，比总体平均分 7.89 分高 0.25 分，在被调查的 24 个国家中排第 3 名；得分最高的三项是知名度、自驾车和美丽程度，得分分别为 8.45、8.44 和 8.43；得分最低的三项是中文标识、信息和服务，性价比和旅游价格，得分分别为 7.71、7.70 和 7.63。

3. 网络评论分析

2016 年意大利评论调查的游客满意度指数为 80.16，较境外游总体满意度平均值低 0.15。各单项满意度皆高于 71 分，其中，当地居民态度得分最高，为 87.66 分；满意度最低的是旅游业管理，为 71.76 分。

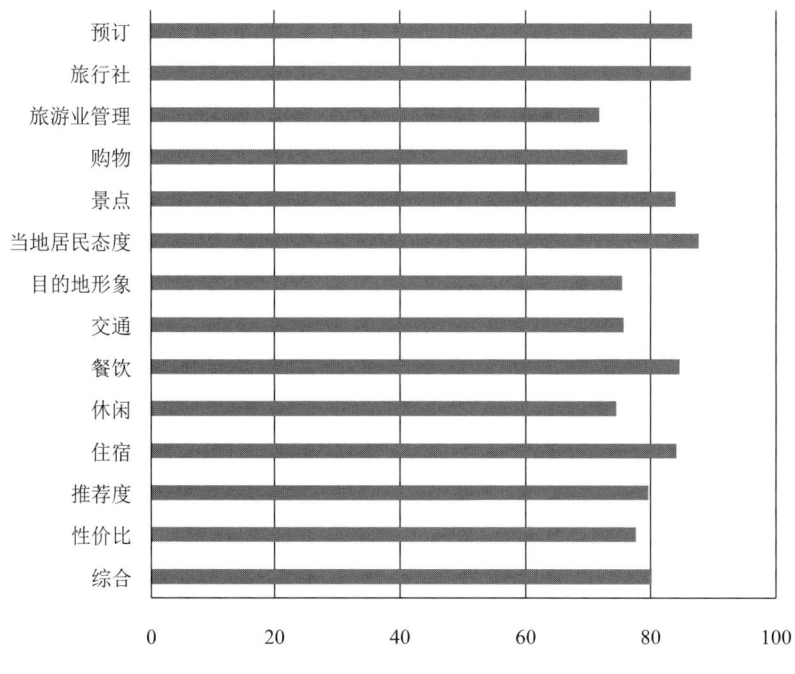

图 4-17 意大利各项目得分

（十五）泰国

1. 游客满意度得分及排名

全年到访泰国的中国公民游客满意度为 80.30，在 24 个抽样国家中排名第 15。

2. 问卷调查分析

问卷满意度平均得分为 7.83 分，比总体平均分 7.89 分低 0.06 分，在被调查的 24 个国家中排第 15 名；得分最高的三项是自驾车、知名度和自然生态，得分分别为 8.26、8.19 和 8.14；得分最低的三项是安全感、旅游价格和性价比，得分分别为 7.53、7.52 和 7.52。

3. 网络评论分析

2016 年泰国评论调查的游客满意度指数为 80.16，较境外游总体满意度平均值低 0.15。各单项满意度皆高于 74 分，其中，当地居民态度得分最高，为 88.59 分；满意度最低的是旅游业管理和休闲，分别为 74.92 分、74.09 分。

第四章 目的地满意状况
Chapter 4 Destination Satisfaction

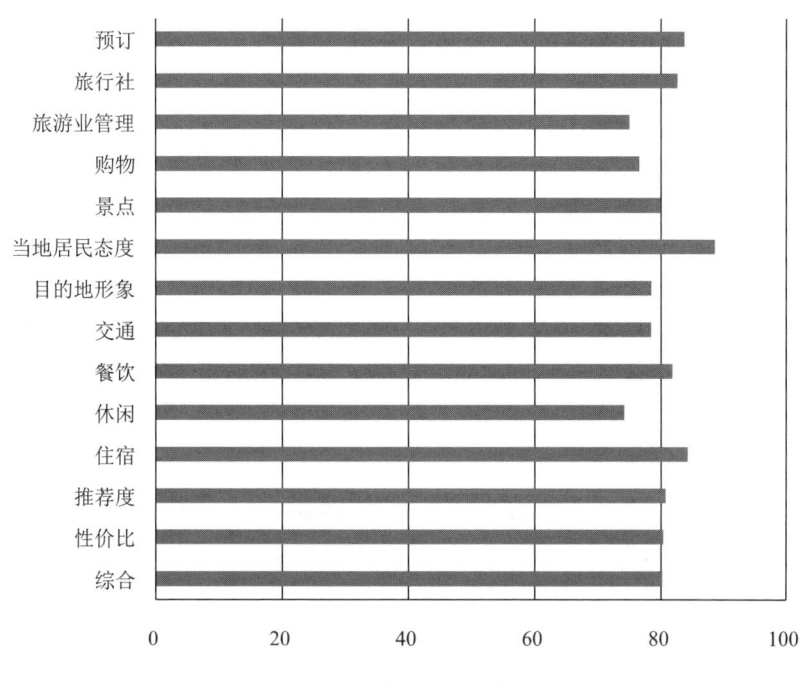

图 4-18 泰国各项目得分

（十六）英国

1. 游客满意度得分及排名

全年到访英国的中国公民游客满意度为 80.22，在 24 个抽样国家中排名第 16。

2. 问卷调查分析

问卷满意度平均得分为 8.15 分，比总体平均分 7.89 分高 0.26 分，在被调查的 24 个国家中排第 2 名；得分最高的三项是自驾车、知名度和美丽程度，得分分别为 8.47、8.43 和 8.42；得分最低的三项是中文标识、信息和服务，性价比和旅游价格，得分分别为 7.66、7.61 和 7.53。

3. 网络评论分析

2016 年英国评论调查的游客满意度指数为 80.35，较境外游总体满意度平均值高 0.34。各单项满意度皆高于 72 分，其中，当地居民态度得分最高，为 88.42 分；满意度最低的是休闲和旅游业管理，分别为 72.86 分、72.14 分。

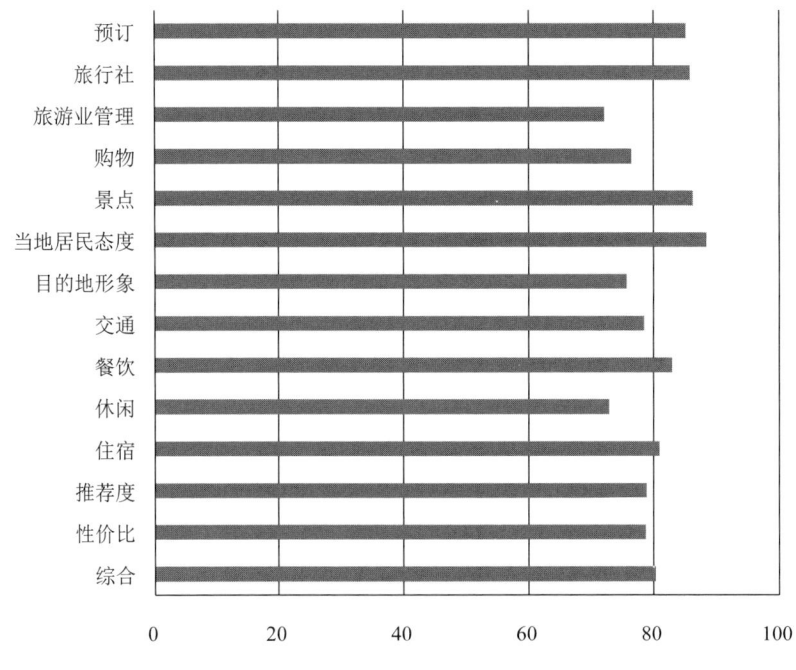

图 4-19　英国各项目得分

（十七）马来西亚

1. 游客满意度得分及排名

全年到访马来西亚的中国公民游客满意度为 80.11，在 24 个抽样国家中排名第 17。

2. 问卷调查分析

问卷满意度平均得分为 7.86 分，比总体平均分 7.89 分低 0.03 分，在被调查的 24 个国家中排第 14 名；得分最高的三项是自驾车、美丽程度和自然生态，得分分别为 8.32、8.19 和 8.14；得分最低的三项是性价比、中文标识、信息和服务及旅游价格，得分分别为 7.55、7.48 和 7.47。

3. 网络评论分析

2016 年马来西亚评论调查的游客满意度指数为 80.04，较境外游总体满意度平均值高 0.03。各单项满意度皆高于 73 分，其中，当地居民态度得分最高，为 89.02 分；满意度最低的是旅游业管理，为 73.75 分。

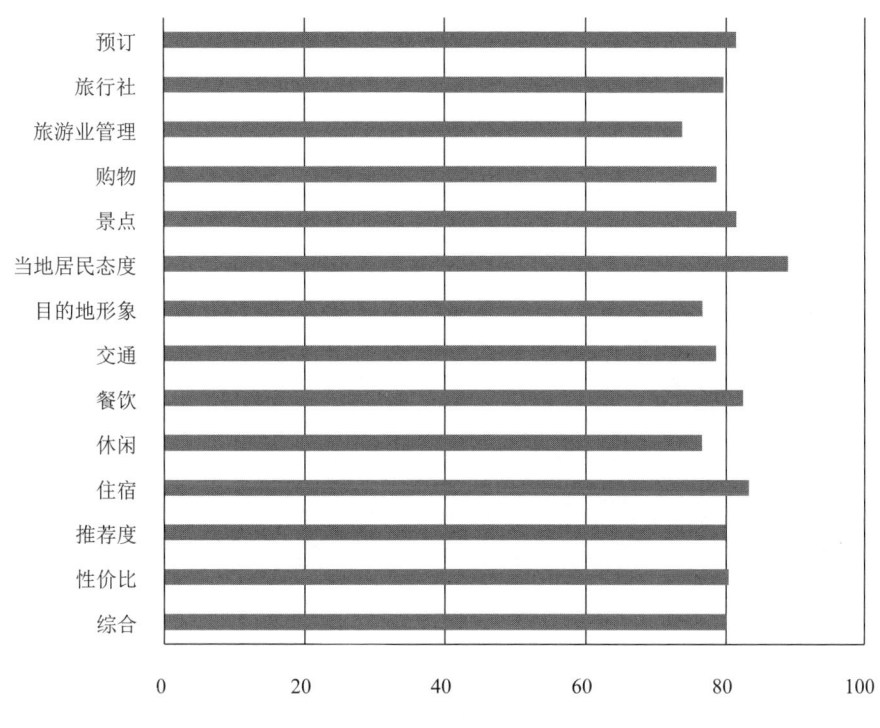

图 4-20　马来西亚各项目得分

（十八）西班牙

1. 游客满意度得分及排名

全年到访西班牙的中国公民游客满意度为 79.35，在 24 个抽样国家中排名第 18。

2. 问卷调查分析

问卷满意度平均得分为 7.88 分，比总体平均分 7.89 分低 0.01 分，在被调查的 24 个国家中排第 12 名；得分最高的三项是自驾车、自然生态和空气质量，得分分别为 8.32、8.16 和 8.14；得分最低的三项是性价比、旅游价格和中文标识、信息和服务，得分分别为 7.49、7.44 和 7.30。

3. 网络评论分析

2016 年西班牙评论调查的游客满意度指数为 79.26，较境外游总体满意度平均值低 0.75。各单项满意度皆高于 71 分，其中，当地居民态度和住宿得分最高，分别为 85.74 分、85.52 分；满意度最低的是休闲，为 71.19 分。

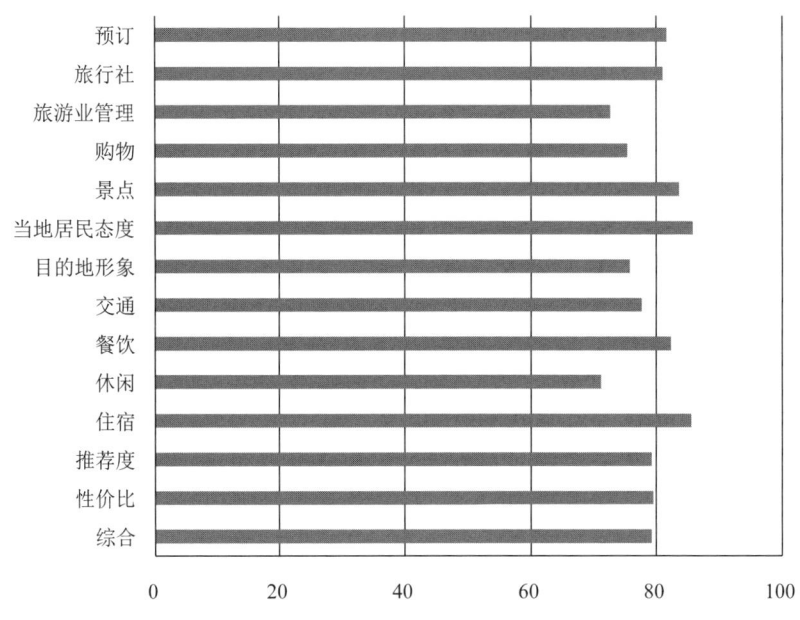

图 4-21 西班牙各项目得分

（十九）俄罗斯

1. 游客满意度得分及排名

全年到访俄罗斯的中国公民游客满意度为 79.14，在 24 个抽样国家中排名第 19。

2. 问卷调查分析

问卷满意度平均得分为 7.87 分，比总体平均分 7.89 分低 0.02 分，在被调查的 24 个国家中排第 13 名；得分最高的三项是自驾车、知名度和美丽程度，得分分别为 8.33、8.15 和 8.12；得分最低的三项是性价比、旅游价格和中文标识、信息和服务，得分分别为 7.55、7.46 和 7.37。

3. 网络评论分析

2016 年俄罗斯评论调查的游客满意度指数为 79.27，较境外游总体满意度平均值低 0.74。各单项满意度皆高于 68 分，其中，当地居民态度得分最高，为 88.27 分；满意度最低的是旅游业管理，为 68.33 分。

第四章　目的地满意状况
Chapter 4　Destination Satisfaction

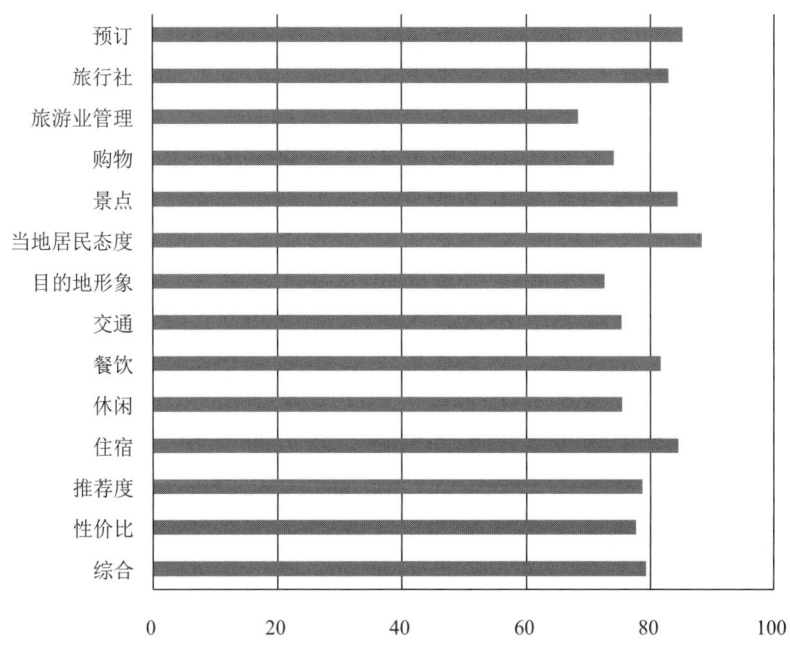

图 4-22　俄罗斯各项目得分

（二十）菲律宾

1. 游客满意度得分及排名

全年到访菲律宾的中国公民游客满意度为 78.39，在 24 个抽样国家中排名第 20。

2. 问卷调查分析

问卷满意度平均得分为 7.61 分，比总体平均分 7.89 分低 0.28 分，在被调查的 24 个国家中排第 21 名；得分最高的三项是自驾车、火车站和长途客运，得分分别为 8.18、7.97 和 7.89；得分最低的三项是性价比、安全感和中文标识、信息和服务，得分分别为 7.40、7.38 和 7.06。

表 4-1　问卷调查满意度

序号	指标	2015 年全年	序号	指标	2015 年全年
1	旅游价格	7.52	2	性价比	7.4
3	现代化程度	7.51	4	美丽程度	7.86
5	知名度	7.63	6	信息化程度	7.49

131

续表

序号	指标	2015年全年	序号	指标	2015年全年
7	城市规划	7.57	8	卫生设施	7.48
9	无障碍设施	7.53	10	旧城和历史建筑保护	7.64
11	空气质量	7.82	12	自然生态	7.88
13	园林绿化	7.84	14	便利感	7.46
15	安全感	7.38	16	市容市貌	7.47
17	施工管理	7.43	18	市民形象和行为	7.47
19	文化氛围	7.48	20	民俗特色	7.62
21	供水和水质	7.51	22	供电	7.81
23	手机信号覆盖	7.67	24	互联网覆盖	7.58
25	农业现代化	7.68	26	工业旅游	7.60
27	银行刷卡便利性	7.66	28	城市公交	7.70
29	出租车	7.66	30	长途客运	7.89
31	自驾车	8.18	32	步行道和自行车道	7.68
33	机场	7.80	34	火车站	7.97
35	交通标识	7.54	36	餐饮	7.53
37	住宿	7.59	38	购物	7.60
39	文化娱乐	7.62	40	景区景点	7.76
41	外方旅行社	7.60	42	外方导游	7.52
43	旅游产品和服务质量	7.50	44	收据具备及正规度	7.51
45	旅游公共服务	7.51	46	标准化程度	7.43
47	中文标识、信息和服务	7.06	48	使领馆签证服务	7.68
49	目的地国边检海关服务	7.62			

3. 网络评论分析

2016年菲律宾评论调查的游客满意度指数为78.55，较境外游总体满意度平均值低1.46。各单项满意度皆高于72分，其中，当地居民态度得分最高，为88.76分；满意度最低的是交通和旅游业管理，分别为72.86分、72.27分。

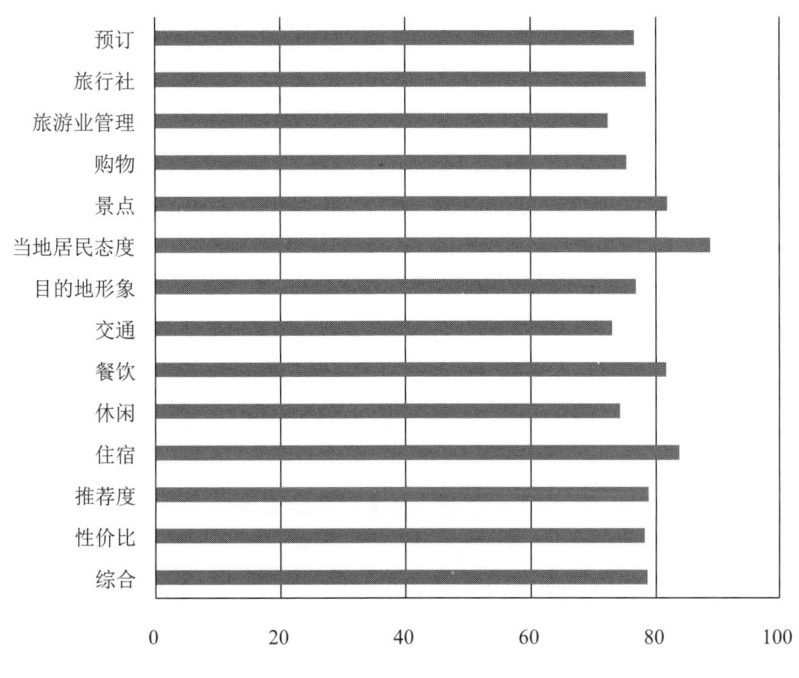

图 4-23　菲律宾各项目得分

（二十一）阿根廷

1. 游客满意度得分及排名

全年到访阿根廷的中国公民游客满意度为 77.51，在 24 个抽样国家中排名第 21。

2. 问卷调查分析

问卷满意度平均得分为 7.78 分，比总体平均分 7.89 分低 0.11 分，在被调查的 24 个国家中排第 16 名；得分最高的三项是自驾车、美丽程度和火车站，得分分别为 8.36、8.02 和 7.89；得分最低的三项是安全感、旅游价格和中文标识、信息和服务，得分分别为 7.56、7.5 和 7.24。

3. 网络评论分析

2016 年阿根廷评论调查的游客满意度指数为 77.77，较境外游总体满意度平均值低 2.24。各单项满意度皆高于 69 分，其中，当地居民态度得分最高，为 90.03 分；满意度最低的是性价比，为 69.16 分。

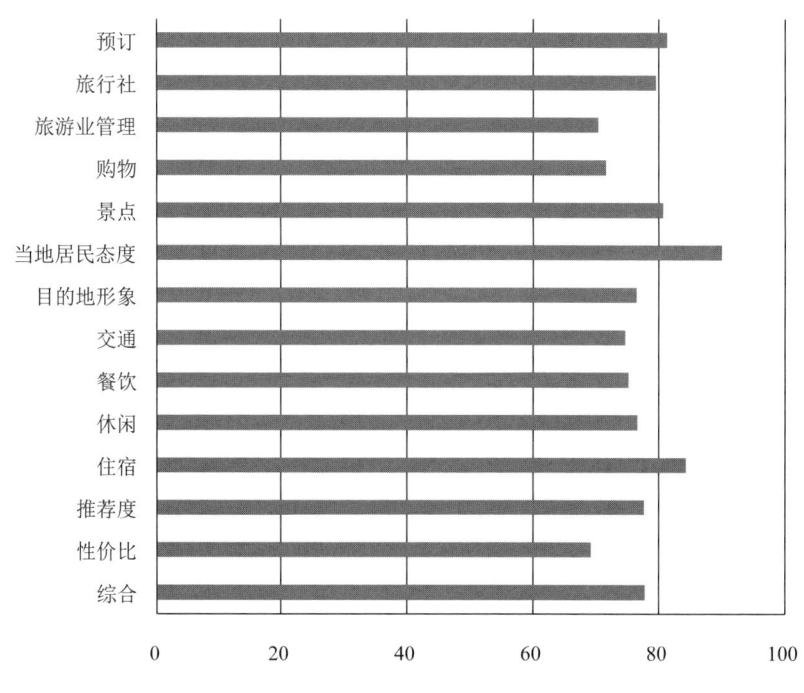

图 4-24　阿根廷各项目得分

（二十二）印度

1. 游客满意度得分及排名

全年到访印度的中国公民游客满意度为 76.96，在 24 个抽样国家中排名第 22。

2. 问卷调查分析

问卷满意度平均得分为 7.48 分，比总体平均分 7.89 分低 0.41 分，在被调查的 24 个国家中排第 22 名；得分最高的三项是自驾车、美丽程度和火车站，得分分别为 7.94、7.72 和 7.72；得分最低的三项是安全感、卫生设施和中文标识、信息和服务，得分分别为 7.27、7.26 和 7.06。

3. 网络评论分析

2016 年印度评论调查的游客满意度指数为 77.07，较境外游总体满意度平均值低 2.94。各单项满意度皆高于 68 分，其中，当地居民态度得分最高，为 85.57 分；满意度最低的是旅游业管理，为 68.61 分。

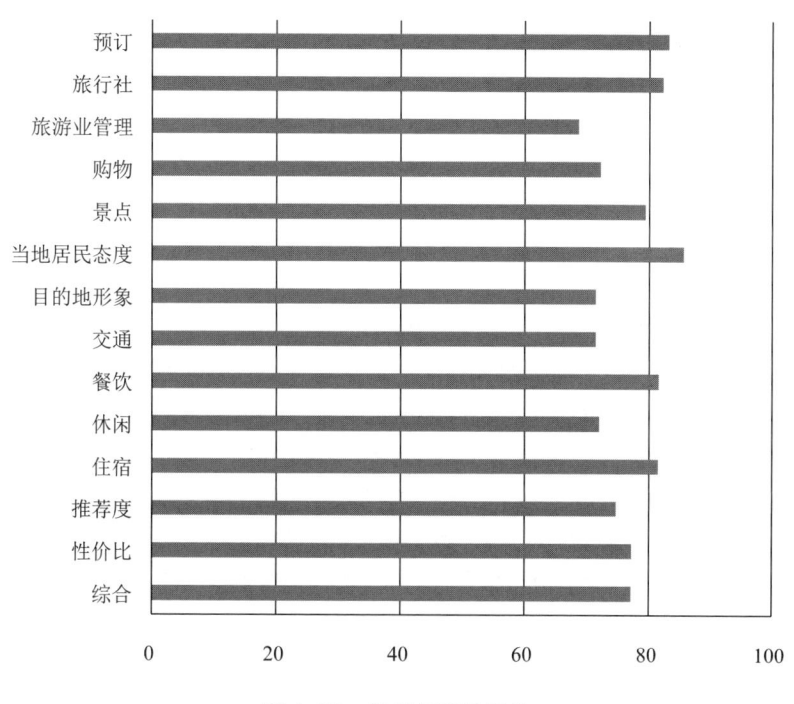

图 4-25 印度各项目得分

(二十三) 巴西

1. 游客满意度得分及排名

全年到访巴西的中国公民游客满意度为 76.39，在 24 个抽样国家中排名第 23。

2. 问卷调查分析

问卷满意度平均得分为 7.70 分，比总体平均分 7.89 分低 0.19 分，在被调查的 24 个国家中排第 19 名；得分最高的三项是自驾车、美丽程度和机场，得分分别为 8.18、8.02 和 7.96；得分最低的三项是旅游价格、安全感和中文标识、信息和服务，得分分别为 7.39、7.39 和 7.18。

3. 网络评论分析

2016 年巴西评论调查的游客满意度指数为 76.78，较境外游总体满意度平均值低 3.23。各单项满意度皆高于 64 分，其中，当地居民态度得分最高，为 84.86 分；满意度最低的是休闲和交通，分别为 64.85 分、64.12 分。

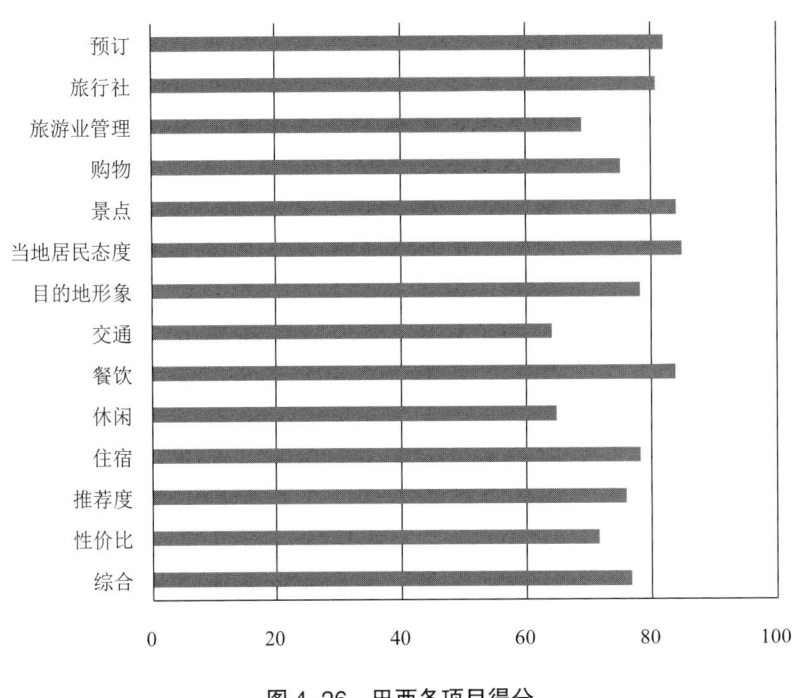

图 4-26 巴西各项目得分

二、不太满意水平

在 24 个抽样国家中，满意度水平为不太满意的是蒙古。

1. 游客满意度得分及排名

全年到访蒙古的中国公民游客满意度为 72.17，在 24 个抽样国家中排名第 24。

2. 问卷调查分析

问卷满意度平均得分为 7.78 分，比总体平均分 7.89 分低 0.11 分，在被调查的 24 个国家中排第 16 名；得分最高的三项是自然生态、自驾车和空气质量，得分分别为 8.24、8.24 和 8.22；得分最低的三项是信息化程度、手机信号覆盖和互联网覆盖，得分分别为 7.56、7.54 和 7.52。

3. 网络评论分析

2016 年蒙古评论调查的游客满意度指数为 73.50，较境外游总体满意度平均值低 6.51。各单项满意度皆高于 59 分，其中，住宿和景点得分最高，为 81.90

分、81.58 分；满意度最低的是旅行社，为 59.01 分。

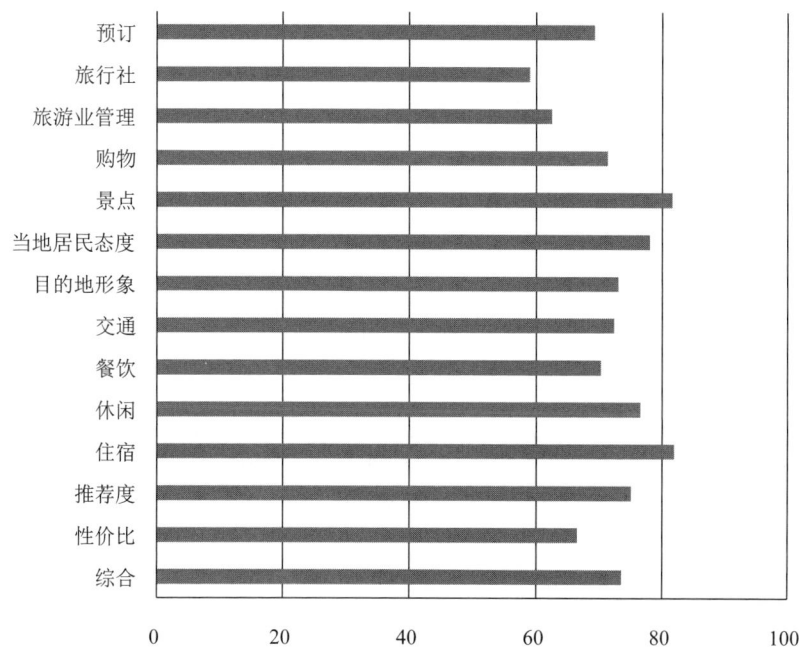

图 4-27　蒙古各项目得分

第五章

2017年我国出境旅游发展趋势与建议

第一节　2017年我国出境旅游发展趋势

2017年中国出境市场将保持增长势头，预计出境旅游人次数将达到1.27亿人次，同比增长4.0%。

一、旅游业以及中国市场作用将进一步发挥

自2016年夏以来，经济方面的好消息持续不断，这意味着全球前景日渐好转。货币基金组织2017年4月发布的《世界经济展望》称："在活跃的金融市场以及制造业和贸易领域期待已久的周期性复苏的支持下，世界经济增长率预计将从2016年的3.1%上升到2017年的3.5%和2018年的3.6%，略高于2016年10月《世界经济展望》（WEO）的预测。"但是，具有约束力的结构性阻碍因素继续抑制着更为强劲的复苏势头，风险依然偏向下行，尤其是在中期内。持续存在的结构性问题（例如，生产率增长缓慢和收入严重不均）导致发达经济体的内向型政策面临越来越大的压力，这些因素威胁着全球经济的一体化以及有利于世界经济（尤其是新兴市场和发展中经济体）的全球经济秩序的合作性。在这一背景下，经济政策对于避免下行风险和确保复苏具有重要作用。

根据世界旅行与旅游理事会（WTTC）《旅行与旅游经济影响中国报告2017》，2016年全球旅游业对全球GDP的综合贡献占全球GDP总量的10.2%，创造就业占全球就业总量的10%。鉴于UNWTO已将2017年设为可持续旅游发展国际年，预计未来旅游业的重要性将日益凸显，各国会在面临经济风险情况下加大对旅游市场的投入，通过旅游发展带动经济复苏。

作为世界第二大经济体，中国对全球旅游业的影响力与日俱增。据2017年3月发布的《世界旅游晴雨表》，2016年中国出境旅游再次强劲增长，出境旅游支出延续了自2012年以来年旅游支出两位数的增长趋势，继续引领出境游市场的发展。世界旅行与旅游理事会联合牛津经济研究院共同完成的《2017年旅游业经济影响力年报》提出，预计到2020年，中国将超越美国、英国和德国，

成为长途旅游最大的客源市场。报告还指出，未来十年，6000多万中国家庭的年收入将超过35 000美元，出境游成为可负担的消费之选。预计到2023年，中国旅客平均每次出境游的开销将增长近75%，其中超过85%的旅游会选择全球各大主要城市作为旅游目的地。由此可以预测未来各国和地区针对中国市场的投入会进一步加大，包括加强旅游基础设施建设（航空、地面和港口）、改善中文环境、降低签证门槛、加强领事保护等。

二、内部发展环境持续完善，中国公民出境旅游需求将得到进一步释放

宏观经济形势将为出境旅游提供良好的环境。2017年1月5日中国科学院预测科学研究中心在"2017年中国经济预测发布会"上指出，2017年中国经济将平稳增长，预计全年GDP增速为6.5%左右。预计2017年中国第一产业增加值增速为3.7%，第二产业为6.0%，第三产业为7.5%。消费、投资和净出口对GDP增速的拉动分别为4.5、2.4和-0.4个百分点。消费对于GDP增速的拉动最为突出。

基础设施建设契合中国公民出境游需求。据中国民航局发布的《2016年民航行业发展统计公报》，2016年年吞吐量100万人次以上的运输机场77个，比2015年增加7个。航线条数3794条，比上年增加468条，其中国际航线739条，比上年增加79条。我国航空公司国际定期航班也从2015年的55个国家137个城市，增加到56个国家145个城市。《2017年政府工作报告》指出，2016年铁路营业里程达到12.1万公里，其中高速铁路超过1.9万公里，占世界60%以上。高速公路通车里程超过12万公里。

出境旅游的政策环境也在持续改善。《2017年政府工作报告》中指出，要扎实推进"一带一路"建设。构建沿线大通关合作机制，建设国际物流大通道。推进边境经济合作区、跨境经济合作区、境外经贸合作区建设。此外，国家进一步落实带薪休假制度。旅游主管部门积极推动一带一路沿线旅游合作。2017年将要开展的中国—欧盟旅游年，将会促进旅游合作体制机制的常态化、市场认知程度的扩大。国家旅游局持续推进的跨境旅游合作区和边境旅游试验区，必然会促进边境旅游合作的深入。

虽然国际经济仍存在一定风险，但旅游业良好的发展前景和我国持续改善

的内部环境都为我国出境游发展提供了有力支撑。根据中国旅游研究院的预测，2017年中国出境市场将保持增长势头，预计出境旅游人次数将达到1.27亿人次，同比增长4.0%。

三、旅游需求多样化趋势更加明显，细分市场更加多样

客源地方面，中国东、中、西部之间客源地产出比例会长期保持稳定，整体呈现"三级阶梯状"，形成东、中、西三个空间分异带，东部将持续占有显著优势。东部成熟市场的开发模式会陆续在中部和西部出现和复制。途牛旅游网监测数据显示，2016年，北京、上海、广州、深圳等一线城市为主要的客源地，出境游人次增长平稳，其中，广州出境游人次同比增速在一线城市中最高，达57%。与一线城市出境游人次平稳增长态势不同的是，二三线城市消费者进一步表现出强烈的出境游需求，这与国际航班、签证中心的加密和新增等因素密切相关。

旅游人群方面，中青年人群依然是出境游的主要消费力量，80后游客快速增长，在对出境旅游的中国游客年龄进行分析中发现，出境游客多为"有钱有闲"的年长一族，通过出境游放松身心，而且此人群出游比重依然处于增长中，这与中国快速进入老龄化社会有关联，也与中国在养老保障方面的提升以及家庭结构的变化密切相关。值得一提的是，女性在出境游市场日益占据主导地位，随着女性经济越发独立，越来越多的女性想通过旅游开阔视野，提升气质。

旅游内容方面，骑行、探险、运动休闲等旅游产品将继续受到年轻人的追捧；商务、休闲、度假等会持续受到中老年人的青睐；同时，海岛游、亲子旅游、研学旅行、文化旅游等产品将引起家庭旅游者的进一步关注，而文化创意产品、乡村休闲产品等则更能满足久处都市樊笼的城市居民，尤其是白领阶层的期待。旅游方式上，国内旅游需求日趋理性，市场细分更为多样。老年旅游市场、亲子旅游市场、研学旅游市场进一步发育成熟，并有效减轻旅游季节性突出带来的接待压力。

四、技术和政策驱动扩大旅游供给，为旅游产业提质增效

分享经济在旅游产业进一步渗透的背景下，预计2017年我国出境游目的

地市场供给进一步加大。中国旅游研究院与Airbnb爱彼迎联合发布的《中国分享住宿消费趋势报告2017》中指出，互联网技术的成熟，消费新力量的出现，不断演进的消费观念，以及日趋利好的政策环境，正加速分享经济在旅游全行业链条中的渗透，改变着人们的旅游方式。旅游业由于其多关联性，受分享经济的影响和渗透的范围较之其他行业更加广泛，包括"吃、住、行、游、购、娱"在内的各旅游要素的组织方式和呈现方式正发生巨大的变化，例如住宿方面，Airbnb爱彼迎等平台向游客提供更为多元、个性的住宿选择，出行方面，Uber等平台不仅合理利用闲置资源，还为游客深入目的地文化和生活方式提供接口。

利用移动互联网或无线客户终端设备可以使出境游客更容易地突破信息不对称的窘境，更加快捷、便利地获知相关旅游信息。通过场景化地深入挖掘和匹配，能够创造更多更有潜力的细分市场，资本的力量也推动着出境旅游产业的发展。

无现金支付场景延伸到境外。近两年，支付宝在海外市场持续发力。截至2016年8月，支付宝已在欧美、日韩、东南亚、港澳台等地区，接入了8万多家线下商户门店，2016年9月，支付宝宣布与慕尼黑机场、东京成田国际机场、大阪关西国际机场等全球十大机场达成合作，首次为中国游客提供支付宝支付和一键"发现"机场吃喝玩乐的服务。另外，银联于2017年6月在香港和新加坡推出云闪付二维码支付业务后，计划在泰国、印度尼西亚、澳大利亚等中国游客到访之处陆续推出云闪付二维码支付。

越来越多的国家开始重视中国市场。签证方面，巴哈马、毛里求斯、格林纳达等国家，实行与我国互免普通护照签证政策，海地、印度尼西亚、韩国（济州岛等地）等对持普通护照的中国公民单方面免签，老挝、马尔代夫、尼泊尔等国家对我国实行单方落地签等，2017年又新增了塞尔维亚、阿联酋、摩洛哥、厄瓜多尔等国家对我国实行免签政策。这些国家的签证政策提升了我国出境游游客出行便捷度，有效扩大旅游市场供给。航空方面，截至2016年底，已有120个国家和地区与我国签订双边航空运输协定，比2015年底增加2个（萨摩亚、巴布亚新几内亚）。

第二节 2017年我国出境旅游发展建议

一、促进出境旅游与"一带一路"倡议进一步对接,围绕重点任务逐步突破

向国际社会阐明出境旅游对于沿线国家与地区的真实贡献,推动旅游业成为国家战略的重要构成。倡议的落地实施不仅是经济行为,也是一种对外价值观的传播行为。因此,需要重视和做好舆论引导工作,通过各种渠道与方式,向国际社会阐明出境旅游对于沿线国家与地区的真实贡献,既不夸大也不缩小。"把中国梦同周边各国人民过上美好生活的愿望、同地区发展前景对接起来,让命运共同体意识在周边国家落地生根"。促进沿线国家对共建"一带一路"内涵、目标、任务等方面的进一步理解和认同。主动谋求宏观层面的支持,通过模式输出、标准制定等途径,增强我国在相关领域的话语权和影响力,推动旅游合作成为倡议的主要内容。

落实《丝绸之路经济带和21世纪海上丝绸之路合作发展规划》确定的各项涉旅任务工作,并按照《"十三五"旅游业发展规划》中提出的"一带一路"旅游业发展内容,进一步细化合作规划、项目清单与实施方案。在客观研判区域市场、产业合作空间的基础上,确定重点国家和关键项目,分类施策,采取不同合作方式。根据中国与沿线国家具体情况,由近及远,由易到难,循序渐进,集中力量取得突破,形成示范带动效应。继续推动便利化工作的深入,以经济走廊与次区域为重点推进签证便利化,加快达成高度开放的航权安排协议,通过信息共享与保障体系完善加快贸易投资便利化进程,推动银行卡清算机构开展跨境清算业务和支付机构开展跨境支付业务。结合中蒙俄、新亚欧大陆桥、中国—中亚—西亚、中国—中南半岛、中巴、孟中印缅六大经济走廊建设,利用旅游年等重大活动,加大对彼此的宣传。

二、构建出境旅游大数据并有序拓展其范围，对产业进行精细化管理

当前与出境旅游相关的统计数据并不能全面深入地反映出境旅游现状，旅游行政主管部门、旅游产业和社会各界所需求的数据难以得到满足。为更好地支持出境旅游的发展，建议在出境旅游经济影响分析、出境旅游统计等方面广泛开展旅行数据方面的科学研究和大数据技术。鼓励相关大数据旅游企业和研究者推出旅行大数据指数，例如发布建立在大数据基础上的出境旅游指数，鼓励更加精准地了解我国游客的出境空间分布和出游需求，提出相应的商业服务和公共服务解决方案。建议促成多部门间的数据对话，建设以旅游管理部门为主导、统筹协调国内相关部门（如公安、外交、海关、外汇、交通、民航、检疫、银行、电信、网管等）及国外相关部门参与的合作机制。通过建立完善旅行统计指标，搭建对话平台，落实数据合作及统计口径并对接测量方式推动出境旅游大数据建设，对产业进行精细化管理。

三、旅游目的地需要以提升中国游客满意度为目标，进一步增强吸引力

尽管面向中国游客的便利性在提升，但是依然不是一蹴而就的过程，还需要长期持续不断的努力。在签证便利性方面，有意向吸引更多中国游客的国家或地区应该对中国游客采取更宽松、更便捷和更经济的签证政策，力图使签证不成为中国游客"说走就走"的阻碍。在航班航线方面，希望境外目的地的眼光更加长远，对航企有适当的培育和补贴，为中国游客的抵达创造条件。也要探索合适的商业模式，提高中文环境及合乎中国游客习惯的支付环境的渗透率，提升中文旅游指南、酒店中餐厅、中文电视节目、中文网站、中文客房等服务商业上的可持续性。根据中国旅游研究院的出国旅游满意度调查，目的地形象、城市建设、城市管理、公共服务、行业服务等方面均对中国游客满意度有较大影响。建议主要目的地有的放矢，重点突破系统改善，有效提升中国游客的满意度，吸引更多的中国游客。

四、出境旅游市场开拓与中国企业走出去相结合,为企业"走出去"提供更多的便利

结合"一带一路"倡议,鼓励境内旅游企业通过海外并购、联合经营、设立分支机构、股权收购等方式,率先走出去开拓国际旅游市场,培育一批具有全球影响力的中国旅游企业。充分发挥驻外机构、推广中心、营销代表的功能与作用,支持旅游行业协会、旅游产业联盟与旅游企业共同在海外宣传推广国家旅游形象、赴华旅游的相关便利化政策。支持境内旅游企业在海外开展赴华签证代办,以及机票预订、住宿预订、景区门票预订等各类专项服务,延伸拓展入境旅游产业链,切实增强中国入境旅游的便利性与竞争力。

专题一 中国赴"一带一路"出境旅游状况

一、发展背景

(一)政策

2013年9月习近平主席访问哈萨克斯坦首次提出共同建设"丝绸之路经济带",2013年10月习近平主席访问印尼提出构建"21世纪海上丝绸之路"。2015年3月28日,经国务院授权,国家发展改革委、外交部、商务部联合发布《推动共建丝绸之路经济带和21世纪海上丝绸之路的愿景与行动》,明确提出:"加强旅游合作,扩大旅游规模,互办旅游推广周、宣传月等活动。联合打造具有丝绸之路特色的国际精品旅游线路和旅游产品,提高沿线各国游客签证便利化水平。推动21世纪海上丝绸之路邮轮旅游合作";要"推进西藏与尼泊尔等国家边境贸易和旅游文化合作";要"加大海南国际旅游岛开发开放力度"。《"十三五"旅游业发展规划》也进一步明确了未来五年"一带一路"旅游业发展路径、发展目标。《2017年政府工作报告》提出要扎实推进"一带一路"建设,统筹国内区域开发开放与国际经济合作,共同打造陆上经济走廊和海上合作支点,推动互联互通、经贸合作、人文交流。2017年5月14日,习近平主席在"一带一路"国际合作高峰论坛上发表了题为《携手推进"一带一路"建设》的主旨演讲,提出"要用好历史文化遗产,联合打造具有丝绸之路特色的旅游产品和遗产保护",论坛期间还签署了多项合作协议,达成多个合作项目,提出一系列合作举措。这些成果将成为"一带一路"建设国际合作的有力支撑。

(二)旅游交通基础设施建设

"一带一路"倡议提出3年多来,我国已与"一带一路"沿线国家签署了《上海合作组织成员国政府间国际道路运输便利化协定》《中国—东盟海运协定》等130多个双边和区域运输协定,涉及铁路、公路、海运、航空和邮政等多个方面,各项建设取得了积极进展。

海运业是海上丝绸之路的主要运输方式,对丝绸之路经济带的形成和发展也有着重要的支持和推动作用。港口是"一带一路"倡议的重要节点,港口行业在"一带一路"倡议的推进中有着独特优势,发挥着"先行官"的重大作用。中国已经成为全球第一港口大国,全球货物吞吐量前10大港口中,中国占8席,全球集装箱吞吐量前10大港口中,中国内地占6席。中国建立了完善的港口标准化体系,积累了港口工程建设、投资、经营的实力,拥有资本、管理和人才优势,具备对外投资的基础实力。

铁路方面,我们和相关国家一道共同加速推进雅万高铁、中老铁路、亚吉铁路、匈塞铁路等项目。2011年1月28日,首列中欧班列——"渝新欧"班列开行。截至目前,国内开行中欧班列的城市已达28个,累计开行4000多列。依托新亚欧大陆桥和西伯利亚大陆桥,已初步形成西、中、东3条中欧铁路运输通道。中国铁路已经规划了中欧班列运行线51条,到达欧洲11个国家29个城市。2017年4月20日,中国、白俄罗斯、德国、哈萨克斯坦、蒙古、波兰、俄罗斯等七国铁路部门正式签署《关于深化中欧班列合作协议》,这是中国铁路第一次与"一带一路"沿线主要国家铁路签署有关中欧班列开行方面的合作协议,标志着中国与沿线主要国家铁路的合作关系更加紧密,既为中欧班列的开行提供了更加有力的机制保障,也对进一步密切中国与上述六国的经贸交流合作、助推"一带一路"建设具有重要意义。

航空方面,截至2016年底,我国已在"一带一路"沿线省份新建机场33个,完成枢纽机场改扩建项目51个;重点推进了51个直接服务于"一带一路"的大、中型民航建设项目,总投资达1636亿元。中国民航已与62个"一带一路"沿线国家签订了双边航空运输协定,与43个国家实现空中直航,每周共有约4200个航班;国航、南航、东航等国内航空公司加大对"一带一路"沿线市场的运力投放,新开辟沿线国家航线240条。

(三)签证和领事保护

中国护照含金量不断提高,国人来一场"说走就走"的跨国旅行,正逐渐成为现实。据统计,倡议提出3年多来,我国与包括"一带一路"沿线国家在内的70多国缔结了适用范围不等的互免签证协议,与14个沿线国家达成了简化签证手续协议或安排,持普通护照的中国公民可以免签或落地签形式前往22个沿线国家。对商旅人士而言,APEC商务旅行卡有效期延长至5年无疑是重大利好消息,这相当于为其提供了亚太周边16个经济体5年多次签证选项,目的地包括8个沿线国家。

目前，我们与30多个沿线国家建立了领事磋商机制。2014年以来，重点与巴基斯坦、老挝、俄罗斯、哈萨克斯坦、捷克等近20个沿线国家举行30多场磋商，议题聚焦于"一带一路"合作过程中涉及人员往来便利化、安全保障等各方面的具体问题。那些大家享受到的签证便利，以及在国外遇到困难时得到的救助，很多是在这些平台上一点一点地谈下来的。

通过在"一带一路"沿线国家重点城市设立中国的领事机构，让领事服务力量的配备不断得到充实。近年来，我们在沿线国家新设了9个领事机构，进一步扩大领事服务覆盖范围。

（四）区域合作

国家层面上，我国与有关国家协调合作，提出了一系列政策，包括俄罗斯提出的欧亚经济联盟、东盟提出的互联互通总体规划、哈萨克斯坦提出的"光明之路"、土耳其提出的"中间走廊"、蒙古提出的"发展之路"、越南提出的"两廊一圈"、英国提出的"英格兰北方经济中心"、波兰提出的"琥珀之路"等。2017年5月，"一带一路"国际合作高峰论坛期间，我国还签署了一批对接合作协议和行动计划，同60多个国家和国际组织共同发出推进"一带一路"贸易畅通合作倡议。各方通过政策对接，实现了"一加一大于二"的效果。旅游方面，建立了中国—东盟、中国—中东欧、中俄蒙等一系列双多边旅游合作机制，举办首次中国—东盟旅游部门会议、首届中国—南亚旅游部长会议以及"一带一路"国家旅游部长圆桌会议等活动，为深化"一带一路"旅游工作提供机制保障。中国与丝绸之路沿线国家，先后举办中俄、中韩、中印、中美、中国—中东欧、中澳、中丹、中瑞、中哈、中国—东盟等10个旅游年，覆盖国家34个，在各旅游年框架下组织系列旅游推广交流活动，如"天下黄河""丝绸之路""2017美丽中国－万里茶道"等，联合部分联盟，2015年开展旅游宣传推广项目37个，2016年开展旅游推广项目36个。2017年9月11日至9月16日，联合国世界旅游组织第22届全体大会将在四川省成都市举行，期间，国家旅游局将与联合国世界旅游组织共同举办"一带一路"国家旅游部长圆桌会议，倡议成立"一带一路"国家和地区旅游合作共同体。

从地方层面上，有些省市与"一带一路"沿线国家建立起区域协作机制，比如天津与东盟港口城市建立了旅游、贸易、文化、教育协同推进的友好合作关系，南宁市也主动融入海上丝绸之路旅游城市合作联盟等。旅游方面，云南、广西与越南、老挝、缅甸具备旅游合作的基础，随着交通的便利以及出入境手续的日趋简化，彼此间的旅游合作进一步深入。中越、中老、中缅双方目前积极参与并推进跨境旅游合作区和边境旅游试验区建设。宁夏已成为中国向西开放的"桥头堡"，丝绸之路经济带重要战略支点。2015年9月，宁夏与约旦、马来西亚、哈萨克斯坦等国家，及台湾、福建、广西、新疆等地区共同签署成立"一带一路"旅游联盟。2014年，中国国际"丝绸之路"旅游发展会议在乌鲁木齐举办，亚欧14国联合发表了《"丝绸之路"旅游乌鲁木齐宣言》。2014年，第四届敦煌行·丝绸之路国际旅游节在甘肃省张掖市开幕，19个丝绸之路沿线城市代表共同发表了《丝绸之路城市旅游合作宣言》，合作发展丝绸之路旅游，建设丝绸之路旅游共同体。各省市也在2015年就开始积极打造具有"一带一路"特色的国际精品旅游路线和旅游产品。这些现象都说明"一带一路"的旅游生态圈正在形成，越来越多的产业整合、资源整合、资本整合将成为必然趋势，而这种整合也将助推中国旅游企业走向更广阔的世界舞台。

二、市场状况

（一）总量的历史变化与趋势

2001年至今，我国至"一带一路"沿线65个国家出境游游客量虽在某些年份有小幅下降，但整体呈上升趋势。2008年金融危机爆发，导致游客量减少，2009年金融危机过后，游客量大幅增多。2013年增速减缓，2014年以后随着"一带一路"战略的切实推进，游客量增速加快。预计2017年往后，我国赴"一带一路"沿线国家游客量仍会逐年增多。

专题一　中国赴"一带一路"出境旅游状况
Topic 1　The Outbound Tourism Situation of China Traveling to the Countries along the Belt and Road

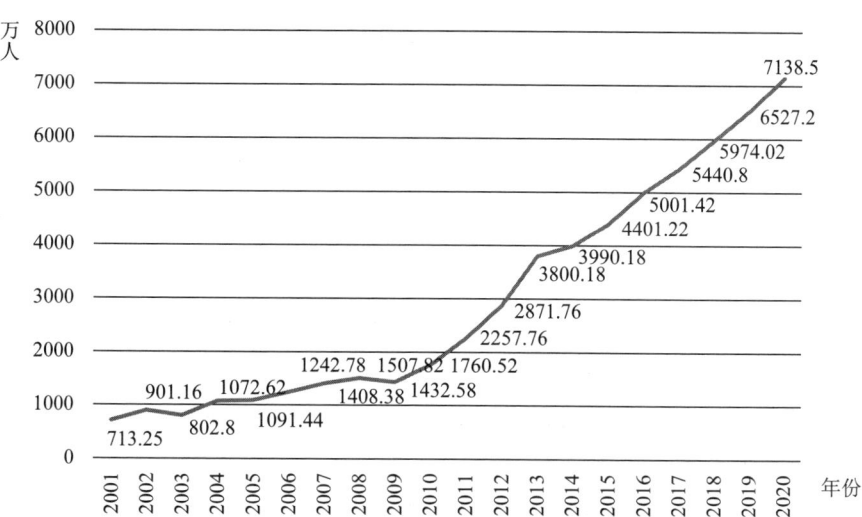

图1　我国历年赴"一带一路"国家出境旅游人数及未来预估

（二）赴不同地区出境游客量的结构变化与趋势

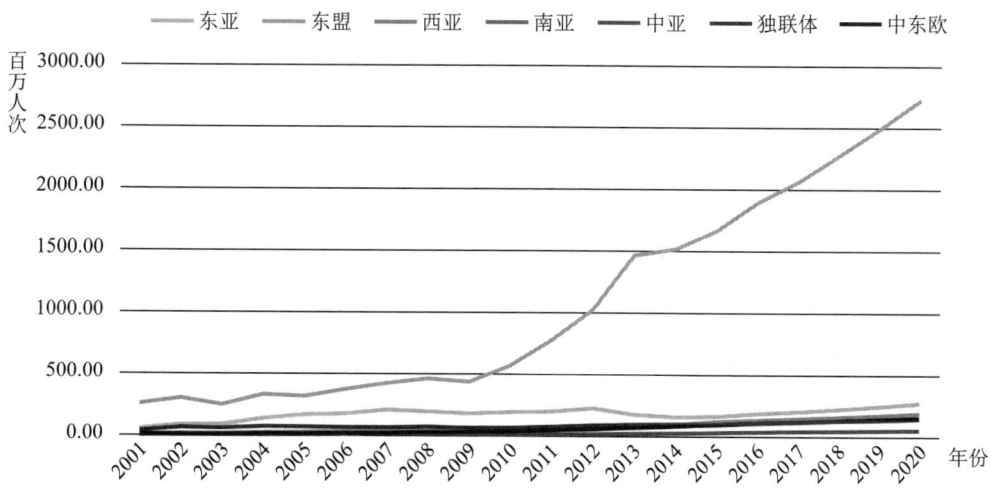

图2　我国历年赴"一带一路"沿线地区出境旅游人数

1. 东亚：蒙古

我国历年赴蒙古旅游人数波动较大（见图2）。2001—2007年整体呈上升趋势，2007—2009年游客量显著减少，2009—2011年游客量增多，2011—2013年游客量骤减，2013年以后，随着"一带一路"倡议的提出，游客量开始增多，根据调查问卷结果显示，2016年全年到访蒙古的中国公民游客满意度为72.17，在24个抽样国家中排名第24。预计2017年以后，我国赴蒙古游客量将会逐年增多。

2. 东盟10国

包括印度尼西亚、马来西亚、新加坡、泰国、缅甸、柬埔寨、老挝、越南、菲律宾、文莱。其中，2016年全年到访新加坡的中国公民游客满意度为83.46，在24个抽样国家中排名第1；到访印度尼西亚的中国公民游客满意度为81.40，排名第7；全年到访越南的中国公民游客满意度为81.08，排名第8；到访柬埔寨的中国公民游客满意度为80.87，排名第11；到访泰国的中国公民游客满意度为80.30，排名第15；全年到访马来西亚的中国公民游客满意度为80.11，排名第17；到访菲律宾的中国公民游客满意度最低，为78.39，排名第20。

赴东盟国家出境游客人数除2002年、2008年、2013年有轻微减少外，整体呈上升趋势（见图2），预计随着"一带一路"倡议在东盟国家的进一步推进，我国赴东盟国家出境游客量将会逐年增多。

3. 西亚18国

包括土耳其、伊朗、伊拉克、叙利亚、黎巴嫩、约旦、沙特阿拉伯、以色列、巴勒斯坦、阿联酋、阿曼、也门、卡塔尔、科威特、巴林、塞浦路斯、希腊、埃及。

我国赴西亚国家游客数逐年增长，2011年以后涨幅明显。预计2017—2020年我国赴西亚18国出境市场仍会保持增长趋势（见图2）。

4. 南亚8国

包括印度、巴基斯坦、孟加拉国、阿富汗、尼泊尔、不丹、斯里兰卡、马尔代夫。其中2016年到访印度的中国公民游客满意度为76.96，在24个抽样国家中排名第22。

我国赴南亚国家旅游人数逐年增长，在2011—2013年增幅最大。预计2017年仍将保持增长趋势（见图2）。

5. 中亚5国

包括哈萨克斯坦、吉尔吉斯斯坦、塔吉克斯坦、乌兹别克斯坦、土库曼斯坦。

2001—2007年，我国赴中亚国家游客量逐年上升，2007—2010年游客量下降，2010年至今游客量逐年递增，且2014年增幅加大。预计2017年以后，我国赴中亚国家游客量仍会上升（见图2）。

6. 独联体7国

包括俄罗斯、乌克兰、白俄罗斯、格鲁吉亚、阿塞拜疆、摩尔多瓦、亚美尼亚。其中2016年到访俄罗斯的中国公民游客满意度为79.14，在24个抽样国家中排名第19。

我国赴独联体国家游客量在2002年、2008年有所减少，整体呈上升趋势，其中2015—2016年增幅明显，预计2017年游客量仍会保持增长趋势，但增幅会放缓（见图2）。

7. 中东欧16国

包括波兰、爱沙尼亚、立陶宛、捷克、斯洛伐克、拉脱维亚、匈牙利、斯洛文尼亚、克罗地亚、塞尔维亚、黑山、波黑、罗马尼亚、保加利亚、马其顿、阿尔巴尼亚。

我国赴中东欧国家游客量自2001起逐年增长，预计今后仍会保持增长趋势。

（三）不同地区出境游游客量趋势

我国"一带一路"倡议已取得初步成效，包括基础设施的进一步完善，一系列签证和领事保护政策等，我国赴"一带一路"国家出境游游客量显著上升。在此基础上，我国还需加强旅游产业合作，实施创新化支付方式满足游客等措施来进一步深化"一带一路"战略的实施。预计2017—2020年，游客量仍会逐年增长。

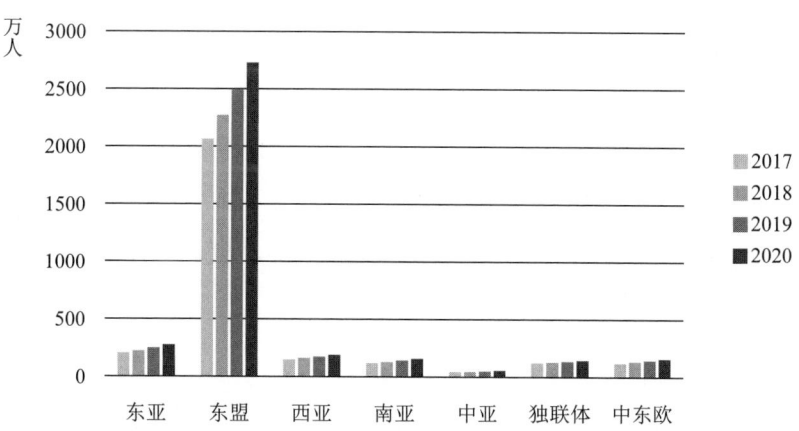

图3 预测2017—2020年我国赴"一带一路"沿线地区出境旅游人数

三、赴"一带一路"国家游客行为分析

(一)出境游客消费特征变量结构

本次调研使用的问卷是由中国旅游研究院设计的"出境旅游行为调查问卷",共涉及22个变量。本次调研将变量抽象为6个范畴,分别为人文统计特征、消费决策影响因素、消费决策、消费结构、消费预订渠道和未来消费意向。调研始于2016年年初,每个季度完成一次调研。调研组同时在北京、上海、广州、重庆、沈阳、西安、成都、杭州、深圳和哈尔滨10个城市开展问卷调研,本次调研中涉及的一带一路沿线国家有俄罗斯、菲律宾、柬埔寨、马来西亚、蒙古、泰国、新加坡、印度、印度尼西亚、越南等10个国家,有效问卷达6218份。

(二)出境游游客人文统计特征

调查发现:出境游客的性别比例差距较大,其中男性比例达39.2%,女性比例达60.8%,女性市场远大于男性市场;中青年出境游客居多,25~44岁年龄段人数所占比例高达63.8%;大学专科、高中/中专/技校、大学本科的出境游客人数比例相对较高,分别为32.8%、29.5%、28.9%;来自批发和零售业的出境游客所占比例最高,为11.3%;个人月收入在3001~8000元的比例最高,合计为65.2%。

1. 女性游客出游比例较大

男性出境游客的比例为39.2%,女性比例为60.8%,差距为21.6%。

2. 80后成为出游主体

属于80后群体的25~34岁的出境游客最多,占总样本的36.4%。其次是35~44岁的出境游客,占比为27.4%。总体来看,被调查者年龄大都分布在25~44岁,中青年较多。

专题一 中国赴"一带一路"出境旅游状况
Topic 1 The Outbound Tourism Situation of China Traveling to the Countries along the Belt and Road

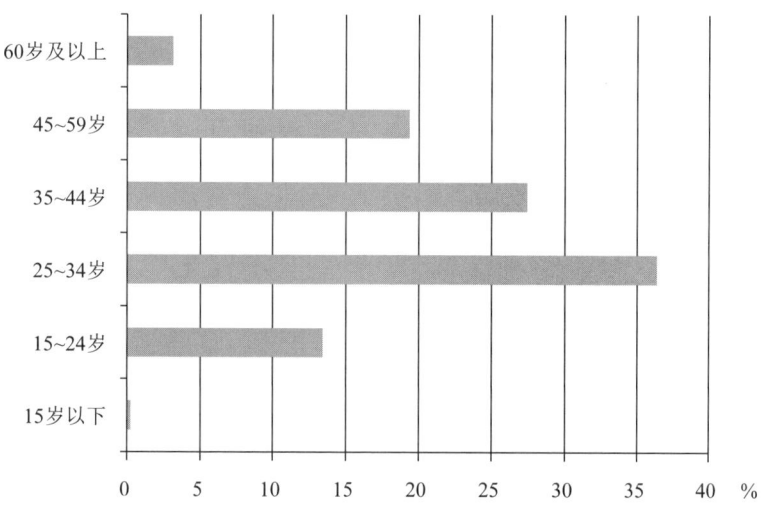

图4 2016年中国赴"一带一路"沿线国家受访出境游客年龄分布

3. 出游人群主体为大学本科与专科学历者

在调查对象中,大学专科学历者占比最高,达总样本的32.8%,其次是高中/中专/技校、大学本科学历者,分别占29.5%、28.9%,初中、硕士及以上学历和小学及以下学历者较少,占比仅分别为7.0%、1.3%和0.5%。

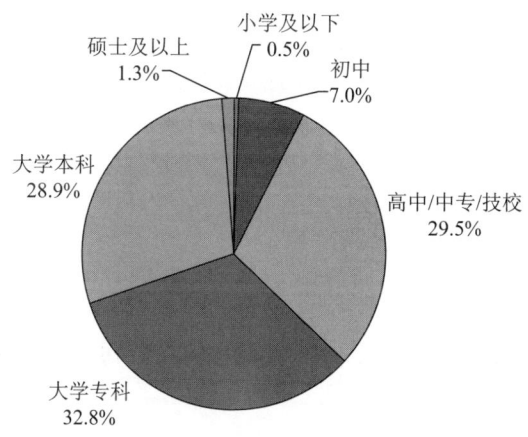

图5 2016年中国赴"一带一路"沿线国家受访出境游客学历分布

4. 职业覆盖面广泛

受访者所从事的行业覆盖面非常广,几乎涵盖各个行业的人员。但以批发零售业、居民服务和其他服务业、制造业、教育、金融业从业者居多,占比分别为 11.3%、8.4%、8.3%、7.8% 和 7.0%。

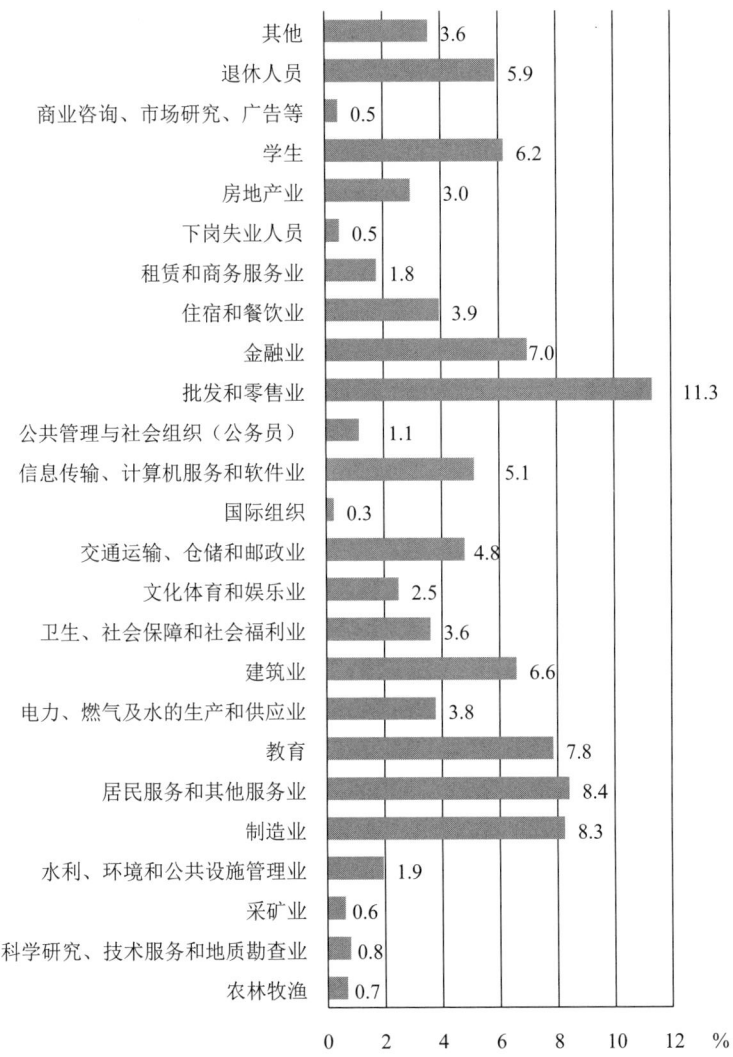

图 6 2016 年中国赴"一带一路"沿线国家受访出境游客职业分布

5. 中高收入人群为出游主体

被调查者税前月收入主要集中在 3001~8000 元，占比为 65.2%。其中收入为 3001~5000 元游客占 32.2%，5001~8000 元的游客占 33%。无收入游客占比 5.9%，20 001 元以上收入者同样较少，占比为 1.6%。

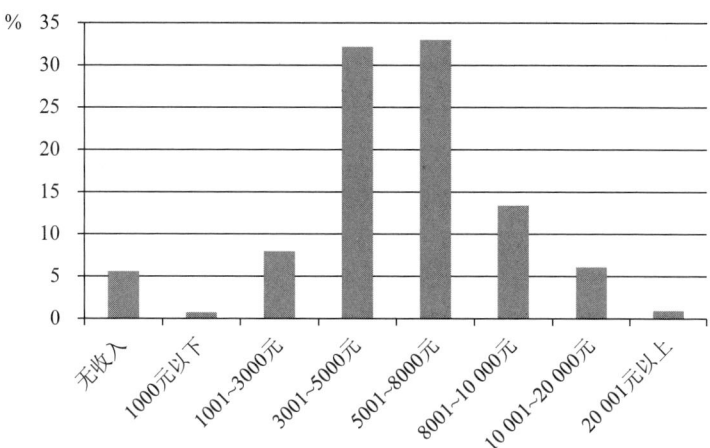

图7 2016年中国赴"一带一路"沿线国家受访出境游客个人税前月收入分布

(三)出境游游客消费决策影响因素

调查结果显示首次出境旅游的游客居多,占总样本的54.8%;游览/观光和休闲/度假是出境旅游的主要目的;59.7%的受访对象认为出境旅游是重大消费决策;对出游频率和决策重要程度的调查结果表明,出境旅游作为重大决策,仍然是人们普遍难以决策的消费选择。

1. 首次出境的游客居多

首次出境旅游的游客居多,占总样本的54.8%,第二次出境的游客占20.0%,第三次出游者占11.4%,出境三次以上者占13.8%,说明大部分游客的出境旅游频率并不高。

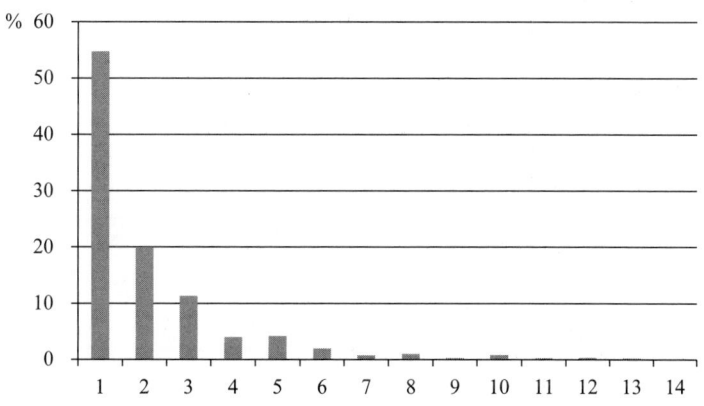

图8 2016年中国赴"一带一路"沿线国家受访出境游客出境游次数分布图

2. 出境旅游对于大多数消费者来说仍属于重大消费

59.7% 的受访者认为出境旅游是重大消费决策。

3. 出境旅游信息来源以网络、亲友介绍为主

游客在出境旅游前大都通过网站 /BBS/ 论坛、亲朋好友介绍、到旅行社咨询来获得相关旅游信息，选择以上信息渠道的分别占总样本的 67.0%、53.4%、49.7%。

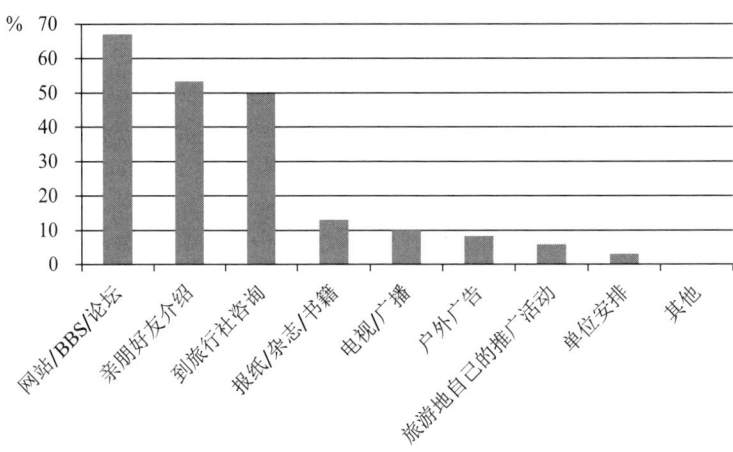

图 9　2016 年中国赴"一带一路"沿线国家受访者出境游信息来源

4. 出游前主要查找景区、价格与民俗风情信息

从调查结果来看，游客在出游前主要了解的信息包括景区（点）信息（73.9%）、旅游价格信息（54.3%）、旅游地民俗风情信息（33.3%）以及交通信息（30.1%）。

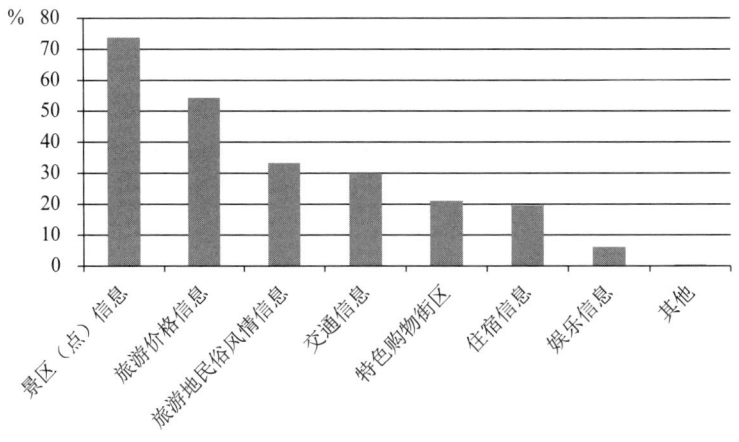

图 10　2016 年中国赴"一带一路"沿线国家受访者出游前了解的信息

5. 出游目的以游览/观光、休闲/度假为主

游览观光和休闲度假是出境旅游的主要目的,其中游览/观光占比最高,为64.6%,其次是休闲/度假,占比为31.6%。

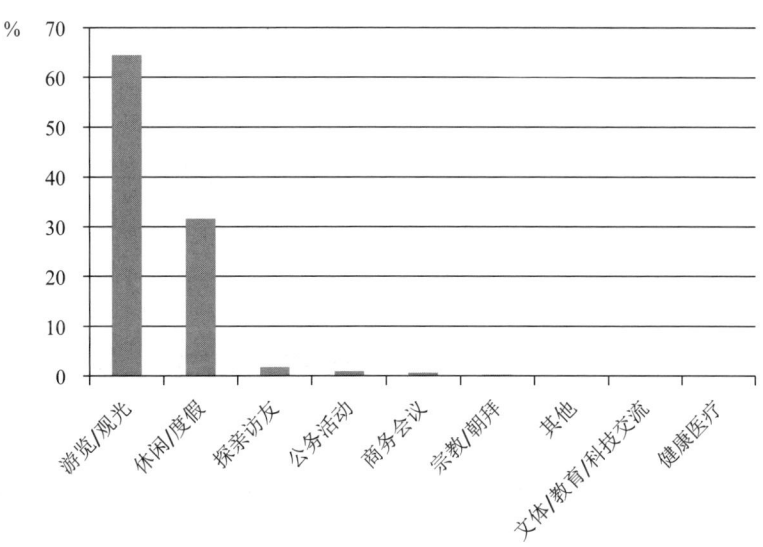

图11 2016年中国赴"一带一路"沿线国家受访者出游目的

(四)出境游游客消费决策特征

出境游客大都是和家人或好友一起结伴而行;在选择境外旅游目的地时,更加注重景点/旅游地吸引力;74.3%的受访者愿意通过旅行社安排境外旅游活动,在选择旅行社时游客更注重旅行社的知名度、诚信度、朋友推荐和旅行社收费标准;中国游客在选择境外住宿酒店时青睐于中等价位酒店和经济型酒店;境外游览的景点数目较多,一般为3~9个,游览10个以上景点的游客也不在少数;大部分游客出游时间为两周以内,其中一周之内的最多,占比71.7%。

1. 出境游客偏好与家人、好友结伴出游

游客大多和家人一起境外旅游,占受访者总数的62.4%。和好友结伴进行境外旅游活动的游客也比较多,占26.1%。这两种类型同伴出游的游客明显多于和其他类型同伴出游的游客。

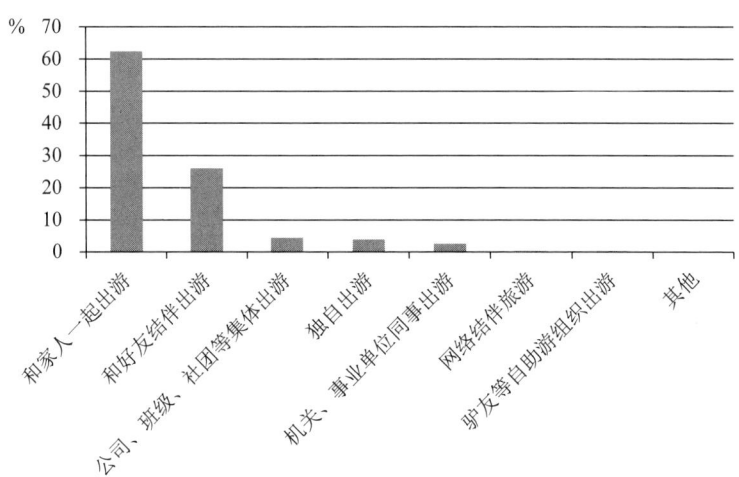

图 12　2016 年中国赴"一带一路"沿线国家受访出境游客境外出游同伴

2. 出境游客目的地选择受景点/旅游地吸引力的影响最大

47.9% 的游客在选择境外旅游目的地时，首先看重的是景点/旅游地吸引力，其次是旅行费用因素（33.1%），选择其他影响因素的明显较少。

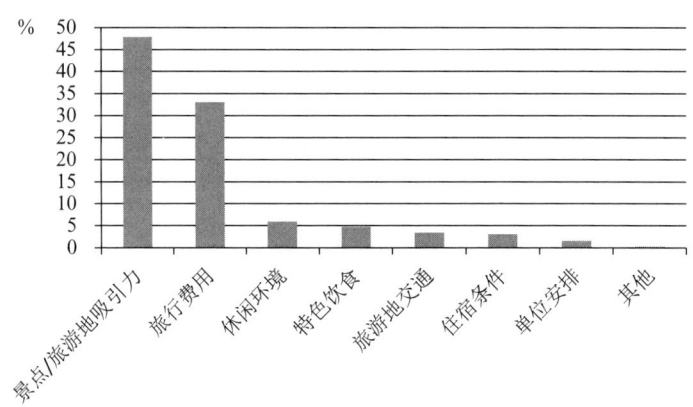

图 13　2016 年中国赴"一带一路"沿线国家受访出境游客线路选择影响因素分布

3. 参加旅行社比例较高

境外旅游参加旅行社的游客比例达 74.3%，说明大多数游客对于不太熟悉的境外旅游依然倾向于通过旅行社安排出游活动。

4. 品牌知名度的重要性提升

出境游客大多通过旅行社来组织境外旅游活动，影响游客旅行社选择的因素有旅行社的品牌知名度、诚信度、朋友推荐和旅行社的收费标准，其中36.7%的受访者选择品牌知名度，32.1%选择诚信度，31.4%选择朋友推荐，28.8%选择收费标准。

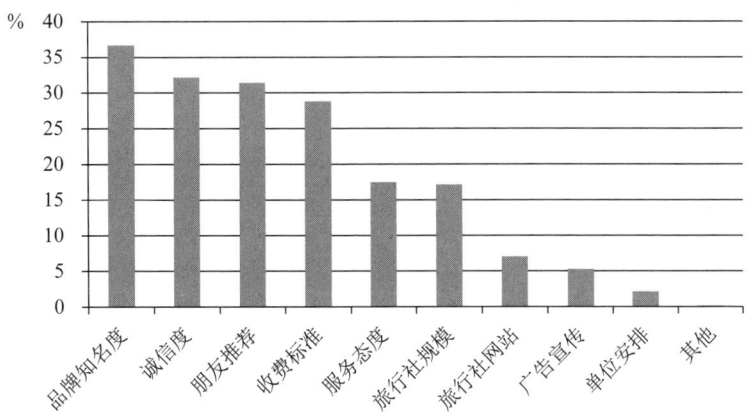

图14 2016年中国赴"一带一路"沿线国家受访出境游客选择旅行社的影响因素

5. 境外游览景点数目较多

境外游览的景点数目较多，一般为3~9个，其中游览3~5个景点的比例为39.6%，6~9个景点的比例为39.5%，游览10个以上景点的游客也不在少数，占比为15.8%。

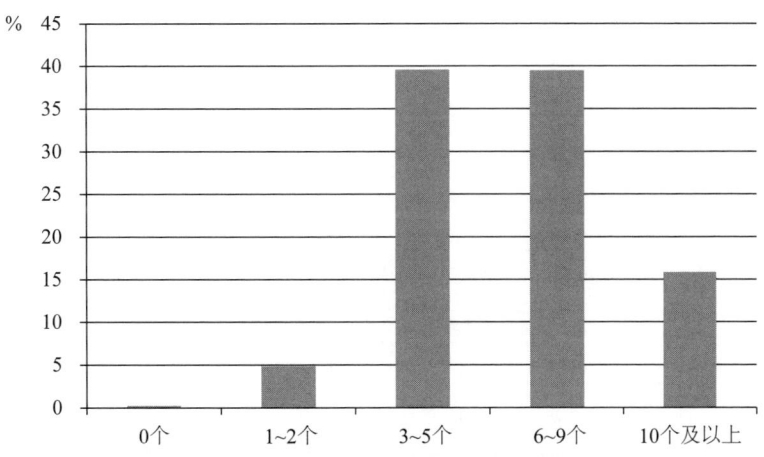

图15 2016年中国赴"一带一路"沿线国家受访出境游客境外旅游参观景点数目

6. 境外旅游出游时间多为两周以内

大部分游客出游时间为两周以内，其中一周之内的最多，占比71.7%，两周以内占比为22.5%。

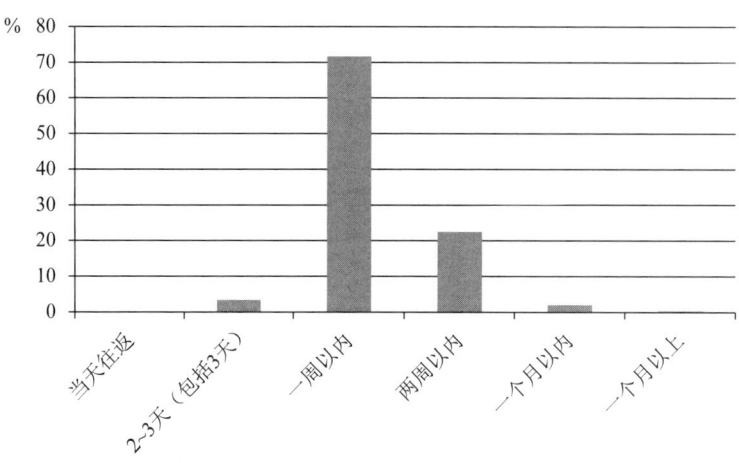

图16　2016年中国赴"一带一路"沿线国家受访出境游客境外旅游时长

7. 中等价位酒店依然是出境游客的最重要选择

在住宿设施选择方面，游客偏向于选择中等价位酒店和经济型酒店，选择这两类住宿设施的游客分别占总样本的44.6%和34.7%。与此同时，选择入住豪华酒店的游客也不在少数，占16.6%，选择其他类型住宿设施的游客相对较少。

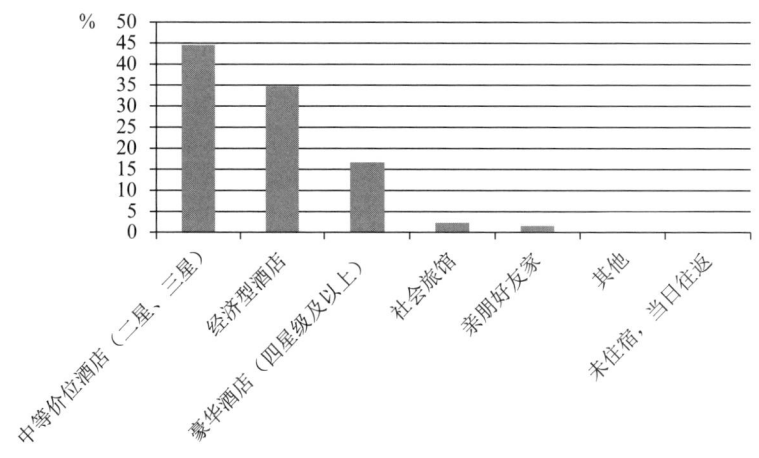

图17　2016年中国赴"一带一路"沿线国家受访出境游客住宿选择分布

专题一　中国赴"一带一路"出境旅游状况
Topic 1　The Outbound Tourism Situation of China Traveling to the Countries along the Belt and Road

（五）出境游游客消费结构特征

花费在 5001~10 000 元的游客比例最高，占总样本的 49.6%。出境游花费的项目主要包括购物、参团费用、餐饮和景点门票，其中，花费最高的项目是购物。

1. 中高端消费群体比例增长

中国出境旅游表现出中高端消费特征，单次出境游花费在 10 001 元及以上的受访者占总样本的 42.1%。消费在 5001~10 000 元的游客最多，占 49.6%。而花费在 5000 元及以下的受访者仅占 8.3%。

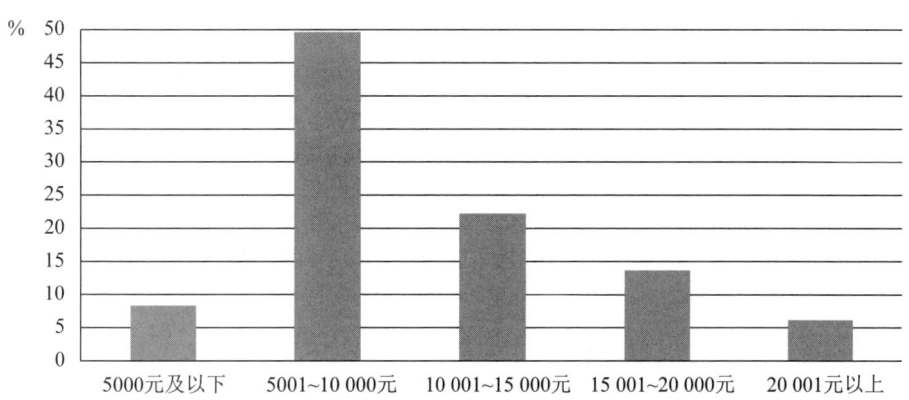

图 18　2016 年中国赴一带一路沿线国家受访出境游客单次境外出游花费分布

2. 购物依然是境外旅游的最重要项目

选择购物项目的受访者最多，占总样本的 83.9%；选择参团费用的游客占 63.5%；选择餐饮花费的游客比例占 56.9%。

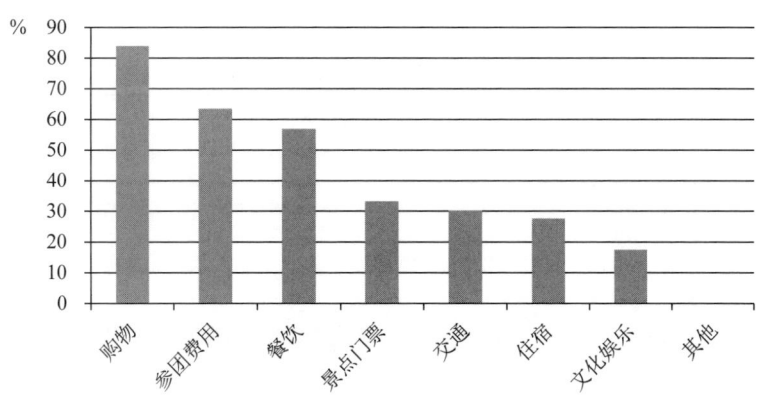

图 19　2016 年中国赴"一带一路"沿线国家受访出境游客各消费项目选择占比

3. 购物和参团费用是境外旅游花费最高的两项

有44.9%的受访者认为购物花费最高，34.8%的受访者认为参团费用花费最高，认为其他项目平均花费较高的游客占比均较低，这凸显出中国游客的境外主要花费和花费最多的项目是购物和参团费用。

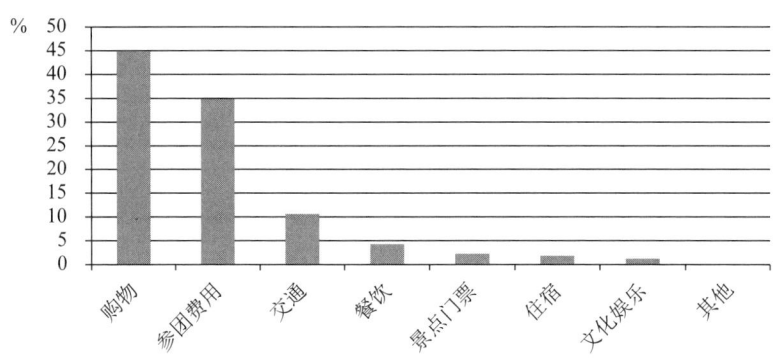

图20　2016年中国赴一带一路沿线国家受访出境游客各项目平均消费

（六）未参团游客出境游消费预订渠道

数据统计发现，不论是航班预订、酒店预订还是安排旅游线路，未参团出境游客大都通过网络预订完成，网络在出境旅游中的利用愈加频繁。

1. 境外航班预订渠道

在未参团的受访者中，有75.4%的未参团游客通过网络完成机票的预订和购买，明显多于通过其他渠道购买的游客，如电话预订（10.9%）、直接去售票点购买（7.3%）等。

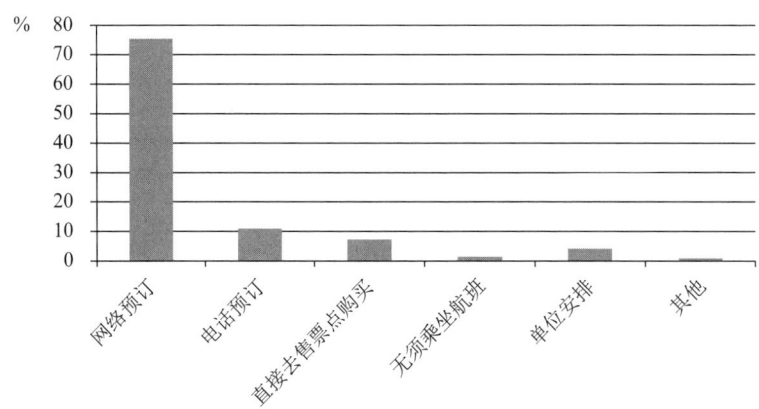

图21　2016年中国赴"一带一路"沿线国家受访出境未参团游客预订航班的渠道

专题一 中国赴"一带一路"出境旅游状况
Topic 1 The Outbound Tourism Situation of China Traveling to the Countries along the Belt and Road

2. 境外旅游预订酒店的渠道

在受访者中,有69.6%的未参团游客通过网络完成酒店的预订和购买,其次是电话预订(11.4%)和在当地自己直接入住(8.8%),而只有不到10%的游客通过其他预订和购买渠道选择住宿设施。

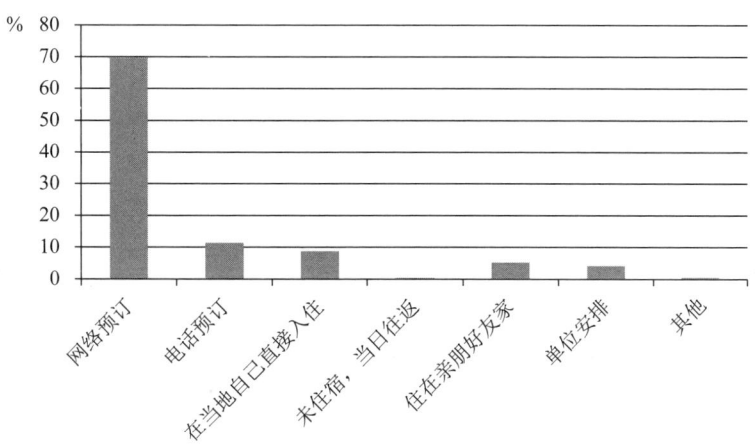

图22 2016年中国赴"一带一路"沿线国家受访出境未参团游客预订酒店的渠道

3. 旅游线路信息获取的渠道

在受访者中,有71.3%的未参团游客通过网络查找相关信息完成旅游线路安排。此外,有11.9%的游客通过亲友介绍,12.8%的游客为临时安排,还有3.9%通过单位安排。

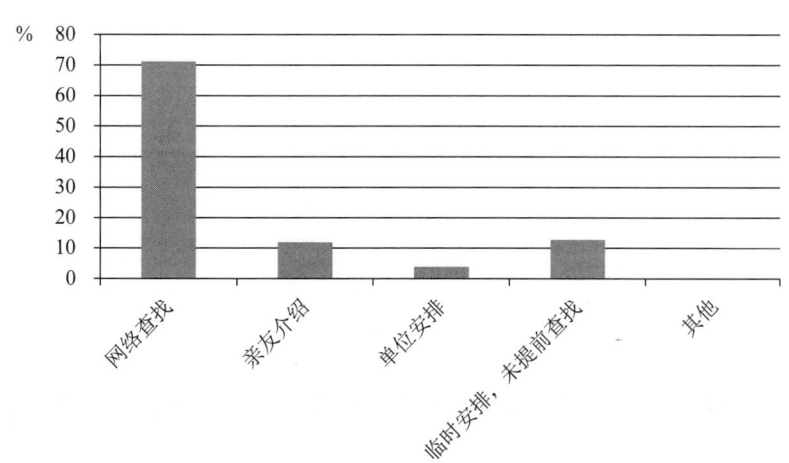

图23 2016年中国赴"一带一路"沿线国家受访出境未参团游客安排旅游路线的渠道

165

4. 境外旅游就餐地选择的渠道

在境外旅游时，通过网络查找选择就餐地的未参团游客占 36.6%；另外，通过"随意遇到"而选择就餐地的受访者占总样本的 33.1%，通过当地人和亲友介绍就餐的未参团游客分别占 21.9% 及 7.3%。说明对于就餐地的选择，未参团出境游客没有像选择航班、酒店和旅游线路那样依赖于网络查找和订购。

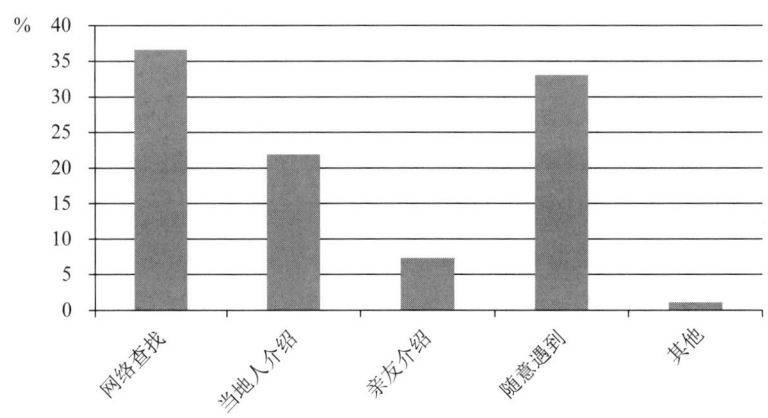

图 24　2016 年中国赴"一带一路"沿线国家受访出境未参团游客就餐地选择的渠道

（七）出境游游客未来消费意向

1. 参加旅游团依然是出境旅游的重要选择

64.9% 的受访者表示愿意参加旅游团进行出境旅游活动，28.8% 的受访者觉得无所谓，仅有 6.4% 表示不愿意参加出境旅游团。

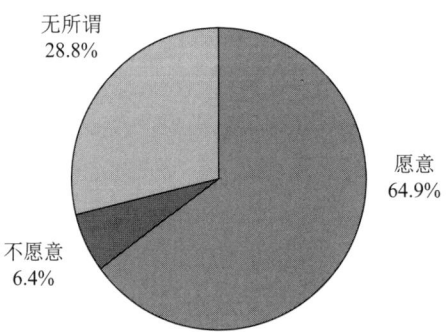

图 25　2016 年中国赴"一带一路"沿线国家受访出境游客对参加旅游团出境旅游的态度

2. 出境游客未来出境主要意向保持稳定,集中在参观游览

从问卷统计结果来看,出境游客未来出境主要意向以参观游览为主,选择该选项的受访者占 70.4%,意在探险活动、参与性娱乐活动和了解当地居民生活情况的游客分别占 11.2%、10.6%、7.7%。

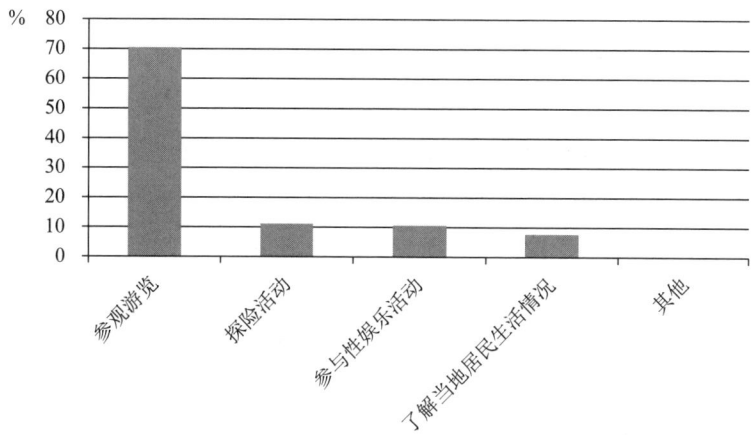

图 26　2016 年中国赴"一带一路"沿线国家受访出境游客未来出境旅游消费项目意向分布

专题二　2017年上半年中国赴欧洲旅游趋势报告

"一带一路"倡议的实施,使中国游客对欧洲的了解进一步提升;新开航线与包机的增多,让二三线城市的消费者纷纷加入欧洲游的大军;局部恐袭事件并未影响国人的旅游意愿,中国赴欧旅游在2017年再掀热潮。

携程旅行网、华远国旅交易数据显示,2017年上半年中国赴欧洲旅游人次同比增长65%,其中跟团游实现了81%的高增长,目的地跟团游增长翻番,增长率达103%。跟团游依然是欧洲游的主要方式,有85%的国人选择了跟团方式。选择自由行的中国游客占比提升到15%,规模同比增长26%。

一、2016年欧洲游概况

(一)2016年欧洲游法意瑞市场坚挺,俄罗斯、西班牙和英国成为增长黑马

受市场波动影响,2016年欧洲游出现市场波动。其中常规经典线路"法意瑞"的增长率虽然同比小幅下降,但是占比依然达到欧洲游整体市场的40%。俄罗斯、西班牙和英国成为2016年度欧洲游增量市场的"明星",同比增长率分别实现41%、32%和18%。

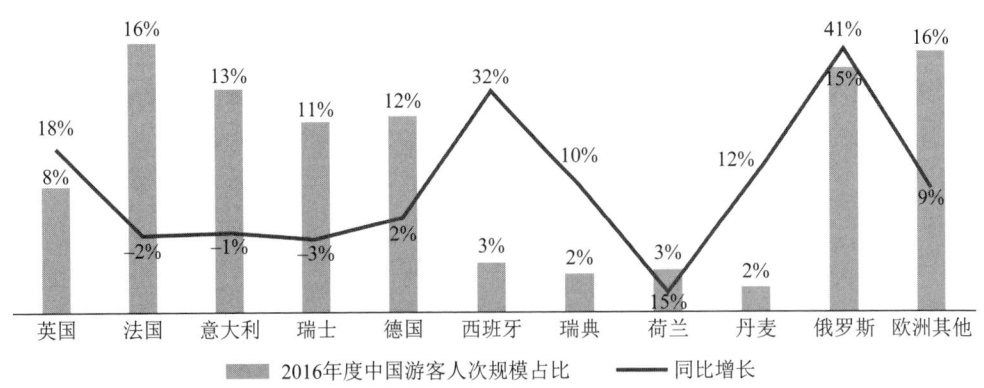

图1　2016年中国游客人次规模统计占比及同比增长情况

资料来源:国家旅游局

（二）法意瑞形成"市场命运共同体",部分欧洲国家在市场低迷中新生

2016年欧洲游市场受到申根签证、欧元区汇率、地缘政治、自然灾害、局地安全等相关因素的影响,一些目的地国家出现了较大幅度的下滑,法意瑞成为典型代表,而且基本趋势正向一致,这与国内赴欧旅游多将法意瑞线路进行组合有密切关系。

英国在市场下滑趋势中仍有接近20%的同比增长,这与英国脱欧致使英镑贬值不无关系。

俄罗斯和西班牙是同时期市场的"明星"目的地国家,这与市场短时期内的局部变迁有关联——在西欧市场受不稳定因素干扰前提下,客流短期内向其周边市场分散。

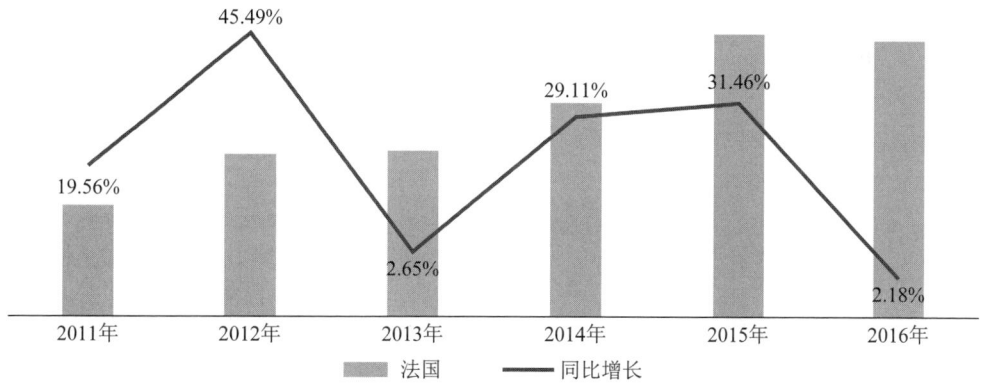

图2　2011—2016年中国人赴法国旅游人次规模增长情况统计

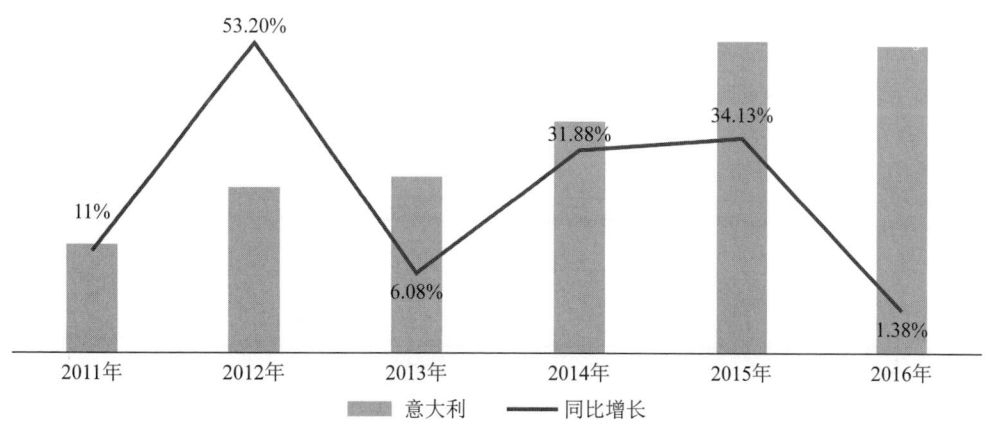

图3　2011—2016年中国人赴意大利旅游人次规模增长情况统计

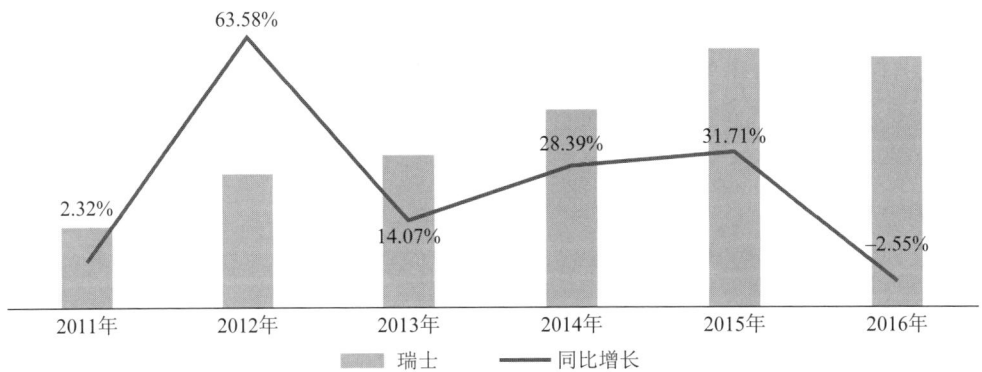

图4 2011—2016年中国人赴瑞士旅游人次规模增长情况统计

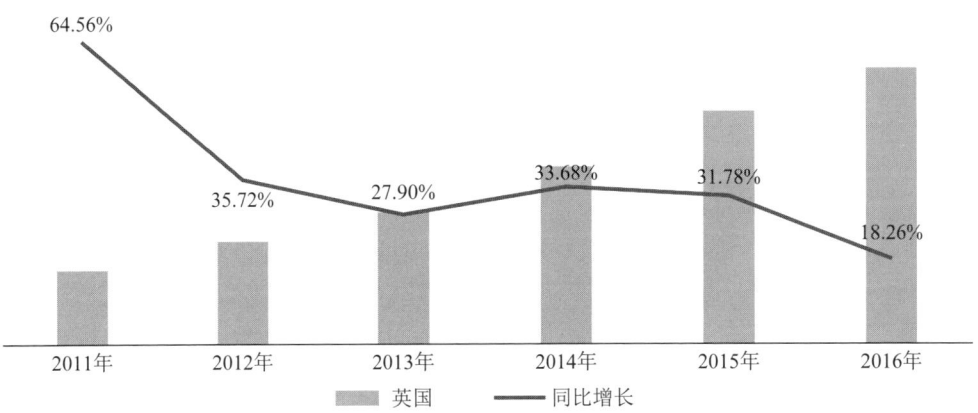

图5 2011—2016年中国人赴英国旅游人次规模增长情况统计

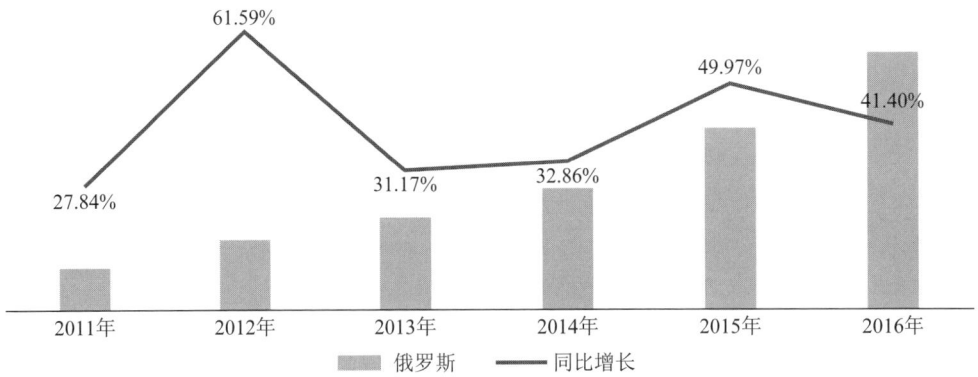

图6 2011—2016年中国人赴俄罗斯旅游人次规模增长情况统计

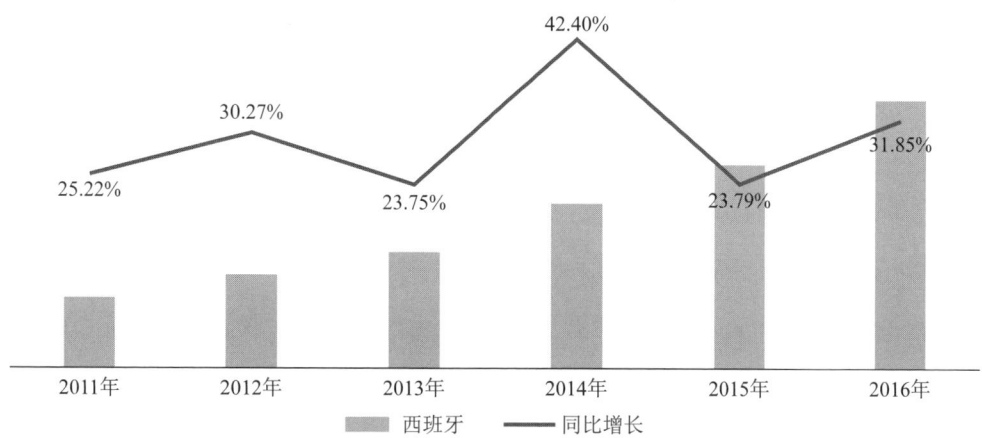

图7　2011—2016年中国人赴西班牙旅游人次规模增长情况统计

资料来源：国家旅游局

二、2017年欧洲游市场发展

（一）2017年上半年欧洲游同比增长65%，其中跟团游依然是市场主导，同比增长81%

2017年上半年中国赴欧洲旅游实现了65%的同比增长率，其中跟团游人群增长81%，目的地跟团游增长103%，跟团游依然是欧洲游的主要出游方式；而在欧洲游市场中占比尚不算高的自由行人群也实现了同比26%的增长。相对2016年度的市场低迷状况，2017年上半年的市场表现让大家对未来有更好的预期[①]。

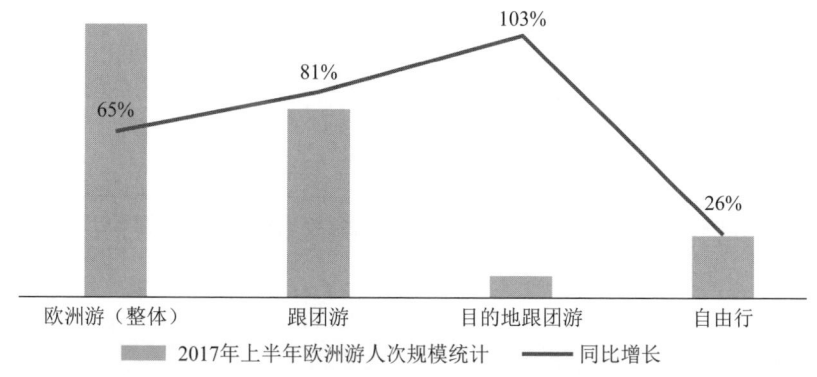

图8　2017年上半年欧洲游同比增长情况统计

---

① 注：以下报告内容中图表数据均来自于华远国旅和携程旅游的综合数据分析。

数据显示85%的游客依然选择跟团游，这与欧洲游所涉及的语言、签证、地缘政治、文化差异等因素相关，可以预见：欧洲跟团游将在未来较长一段时期内作为主流形态。同时，自由行比例的不断扩大，将给未来赴欧旅游增添新的出游方式。

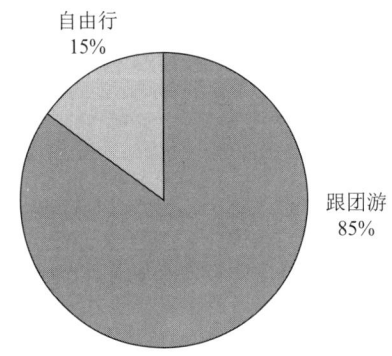

图9　2017年上半年欧洲游团组形式统计

（二）赴欧洲游客青睐线下门店下单，而手机端订单已是网页端订单的2倍

据携程旅游的订单数据显示，2017年上半年通过手机端下单的游客数量已是网页端的2倍，增速明显。随着移动互联网以及智能技术的不断升级发展，移动端下单交易的市场份额将有更为显著的增长。

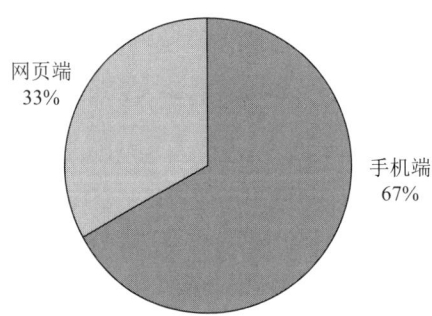

图10　2017年上半年携程旅游上欧洲游客的在线订单构成情况

传统旅行社为应对互联网大潮，也在积极促进线上线下融合发展，重要举措包括获客渠道在线布局上的加速。华远国旅内部数据显示，2017年上半年通过在线渠道客源收客量占比达到22%，与去年同期相比实现了稳步增长。

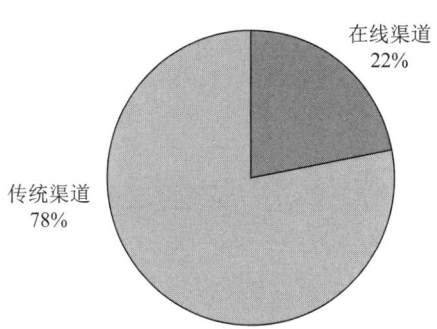

图11 2017年上半年中国赴欧洲旅游获客渠道方式占比情况统计

（三）二三线城市高速增长成为新重心；华东引领全国，苏沪浙粤京居全国前五

分析出游人群数据发现，赴欧洲游人群在二线城市和四线城市实现了同比80%和77%的高增长，其中二三线城市的市场占比在2017年上半年实现了50%的占有率，一二线城市占整体欧洲出境游市场的80%。就增速来看，二三四线城市的增速都要远高于一线城市的增速。显现从以"北上广深"为代表的一线城市向二线新锐发展城市转移的势头。

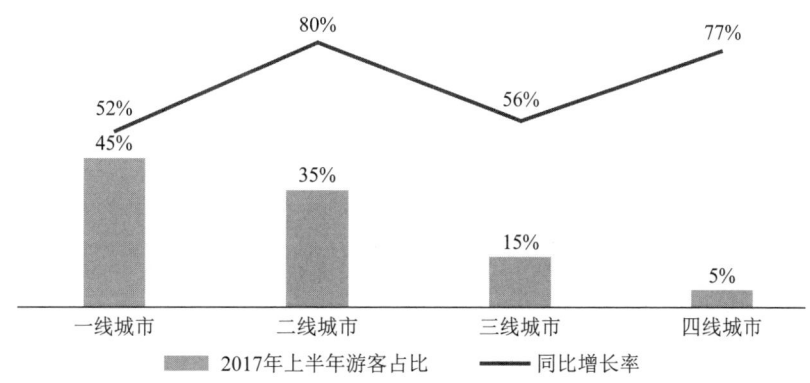

图12 2017年上半年一二三四线城市赴欧洲旅游人群占比及变化情况

注：城市分级采用仲量联行的2015年度中国城市分级标准

从全国不同区域人群出游习惯与偏好的差异性分析发现：华东市场的客源比重高达50%，同比增速达到74%，市场占有和同比增速双指标均实现全国领先。华北和华南区域市场容量接近，中西部地区由于受经济发展水平等因素制约，其欧洲游占比相对较低，但市场潜力正逐步显现，其中西南市场的增速高达74%，接近华东市场。

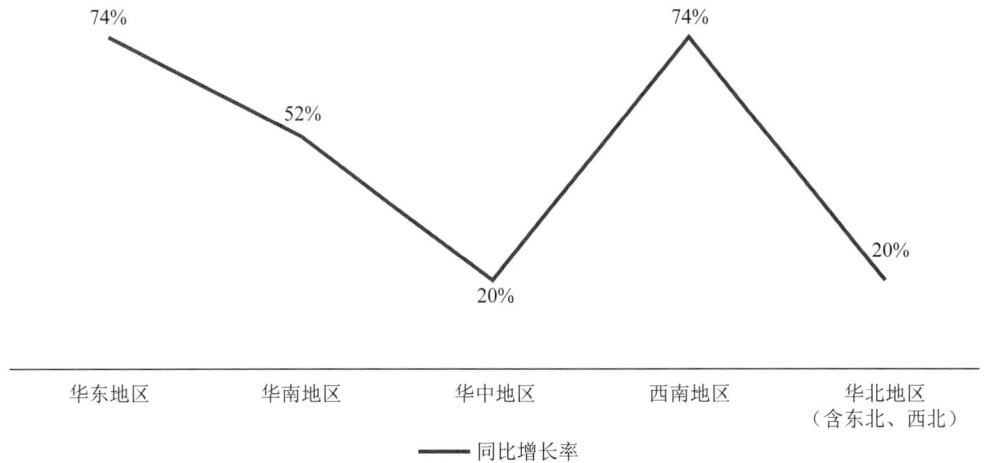

图13 2017年上半年中国赴欧洲旅游全国不同区域占比变化情况

全国不同省市赴欧洲游数据统计显示：江苏省的赴欧洲游人次超越上海位列第一，遥遥领先；同时以上海、江苏、浙江为代表的华东市场比重超过全国份额的50%，华东成为各出境游的"兵家必争之地"。中西部市场处于快速崛起中，有更好的市场发展潜力和空间。

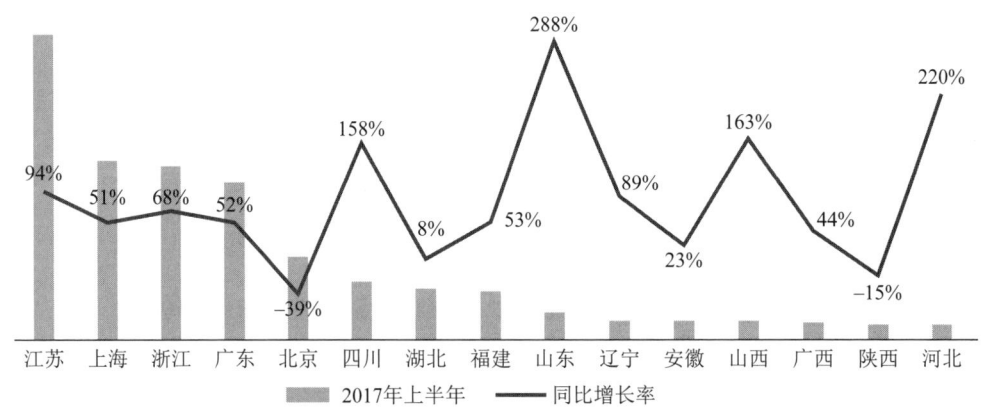

图14 2017年上半年国内出发欧洲游规模前15省市统计

在赴欧洲游出发口岸城市中，2017年上半年出境欧洲的中国游客依然集中于北京、上海两大口岸城市，出境人群比重超过了60%，但成都、深圳、厦门、南京等其他口岸城市显示出巨大的增长潜力。

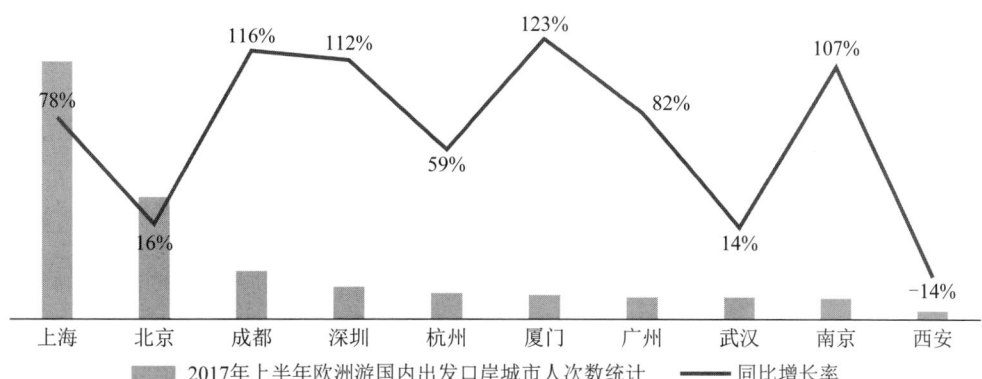

图 15 2017 年上半年国内出发口岸城市前 10 统计

三、欧洲游：目的地市场分析

（一）意法德英坚守欧洲游最受欢迎目的地，中东欧及俄罗斯 - 北欧市场成为黑马

意大利、法国、德国、英国、瑞士、俄罗斯、西班牙、葡萄牙、土耳其、捷克是中国游客选择最多的前十大出境目的地国家。巴黎、罗马、法兰克福、伦敦、莫斯科、布拉格、里斯本、雅典、米兰、巴塞罗那成为前十大人气出境目的地城市。布拉格、维也纳、莫斯科、阿姆斯特丹、赫尔辛基及马德里，2017 年都备受中国游客青睐，游客增速较高。

尽管欧洲部分国家发生了局地恐袭事件，但欧洲依然是一个对中国游客极具吸引力的目的地，是其长途出境游的首选。

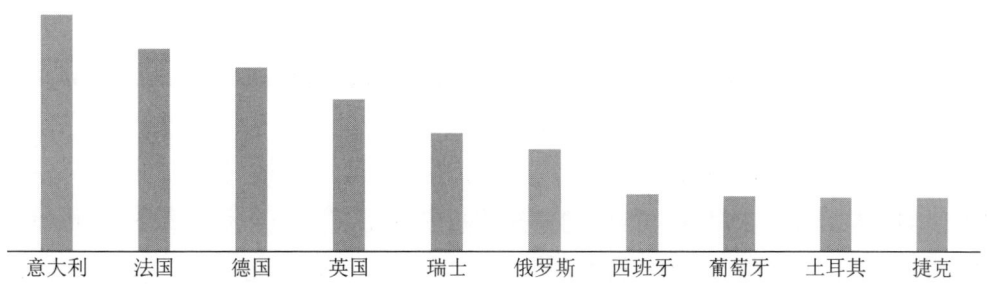

图 16 2017 年上半年中国赴欧洲人气排名统计前 10 国家

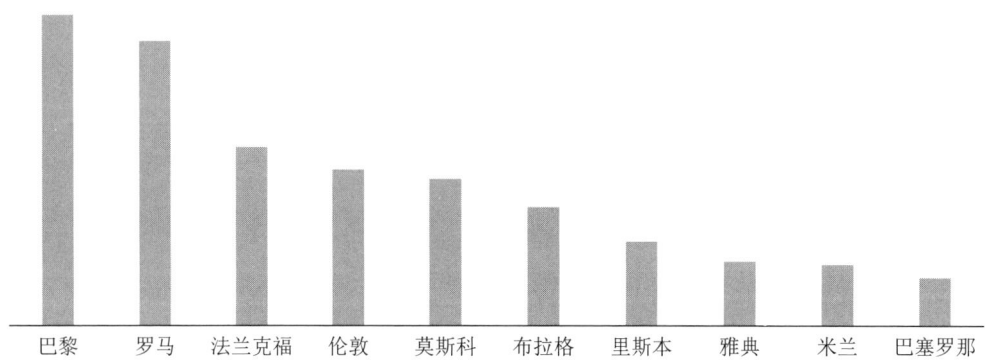

图 17　2017 年上半年中国赴欧洲人气排名统计前 10 城市

从 2017 年上半年增速最快的前十大目的地来看，中东欧、俄罗斯 – 北欧等国家为代表的新兴目的地市场飞速发展。奥地利、瑞士、俄罗斯、意大利等一些传统欧洲游目的地国家，也因消费升级迭代、"一带一路"等因素的影响，焕发出新的增长活力。未来经典的传统欧洲游与新兴欧洲游市场将进行互补，满足更多中国游客的出游诉求。

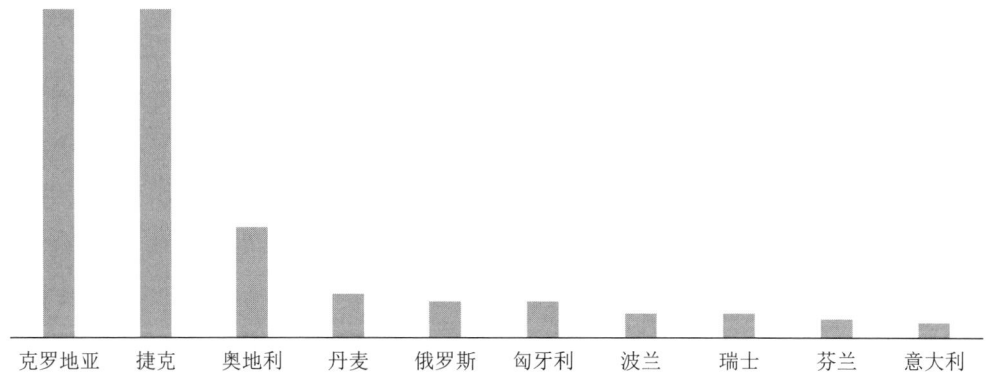

图 18　2017 年上半年中国赴欧旅游规模增长最快的国家统计

（二）法意瑞系列产品稳居主流消费行列，中东欧和俄罗斯 – 北欧系列产品强劲增长

从线路看，接近 40% 的游客依然是常规法意瑞三国系列产品的忠实拥趸，同比增速达 55%。土耳其、德国相关线路也实现了超过 100% 的增长。中东欧、俄罗斯 – 北欧成为欧洲旅游新的热门目的地，游客规模在上半年实现了同比 151% 和 77% 的超高增速，市场潜力进一步释放。

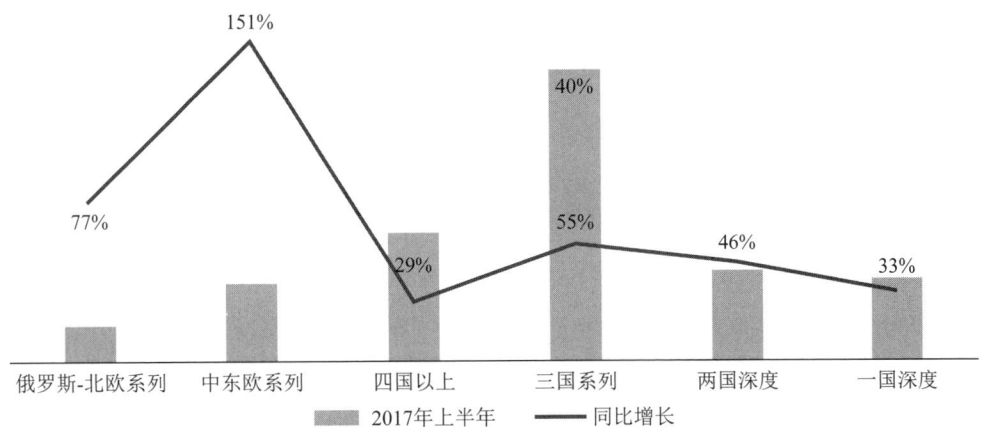

图 19　2017 年上半年欧洲游产品特色消费变化情况统计

四、欧洲游：国内消费者画像

（一）赴欧洲旅游女性占比 63%，欧洲游的女性主导现象愈加显著

中国游客赴欧洲旅游中女性占比达 63%，这个比例高于中国出境游平均女性占比。中国女性在财务和时间上的支配力正不断攀升，参与出境游尤其欧洲游的现象愈加显著。新时代女性对于探索世界和享受生活有了新的定义，对于服务品质和生活质量有了较高的标准与要求。

可以看出，中国女性在追求独立、自主自强的道路上正书写新的秩序与格局。相对来说，她们比同龄男性具有更多的自由时间和财务支配力，而互联网发展和世界文化的多重影响，让她们更有强烈意愿走出去，真切感受异域文化的魅力和不同，这是"她们"世界观发生改变的重要表现。

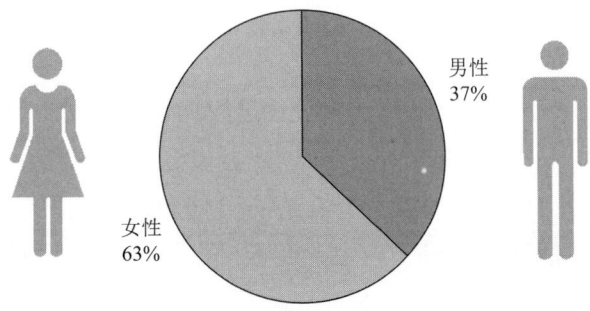

图 20　2017 年上半年中国赴欧洲旅游人群性别结构

（二）50岁以上人群占据欧洲游半壁江山，泛80后和90后将迎爆发增长期

赴欧洲游50岁以上游客占比超过50%，继续主导欧洲游市场。这与该年龄段人群所处的职业阶段、人生阶段、家庭阶段等有着正向的密切关系。

40~50岁年龄段人群（占比19%）正进入人生、职业、家庭、社会的黄金时期，合适的产品与服务将是他们最为关注的要素。

值得关注的是，30~40岁年龄段（泛80后）人群，目前正处于各种压力最大的阶段，所以对于欧洲游的旅游消费显得有些"力不从心"，整体占比仅有9%。但是随着时间的流逝，其消费力可能将在未来5年实现惊人爆发，因此现阶段的合适市场培育显得尤为重要，尤其是对于市场主体的企业/产品品牌建设来说，适逢难得机遇。

当然，20~30岁年龄段人群（占比13%）也有着巨大的增长潜力，他们属于90后人群，该人群对于"世界那么大，我要去看看"有着独特的理解与追求。

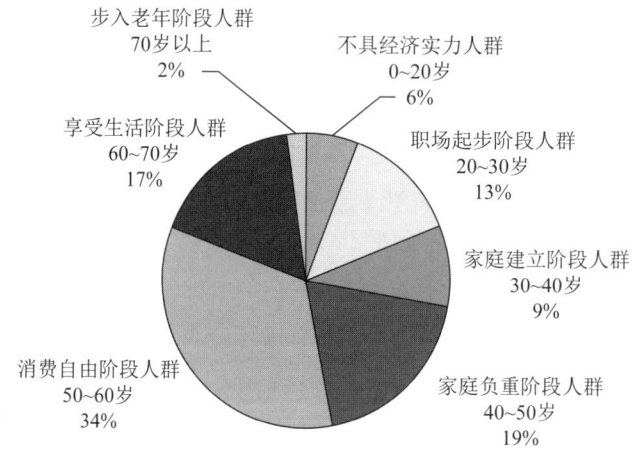

图21　2017年上半年中国赴欧洲旅游人群年龄结构

（三）90后人群增长势头迅猛，老龄化进程加速，亟须产品与服务升级

目前，占中国人口12%的90后成为社会主流适婚人群，生活观念积极乐观，并且经济和生活压力相对较小，在成长环境和社会发展等因素影响下，他们独特的消费和生活理念，对于出国游甚至欧洲游都有很大的利好，市场潜力可观。

随着中国老龄化程度的加剧，老年人口每年的递增速度更是惊人，因此老

年人因年龄逐渐增长造成出境游的减幅,也将成为旅游企业运营为之关注的方面。

(四)欧洲游平均在途 12 天,欧洲跟团游的平均客单价接近 13 000 元

欧洲目的地属于长线出境游,因此游客在途时间相对较长。通过数据监测发现,欧洲游的平均在途时间达到 12 天,与 2016 年同比有小幅增长。

上半年欧洲游跟团游的平均客单价接近 13 000 元。相对于第一季度跟团游的 11 100 元平均客单价有超过 1500 元的增幅,而自由行的平均客单价相对于第一季度也有超过 1100 元增长,市场产品价格受旅游季节变动而正常波动,整体价格趋于平稳。

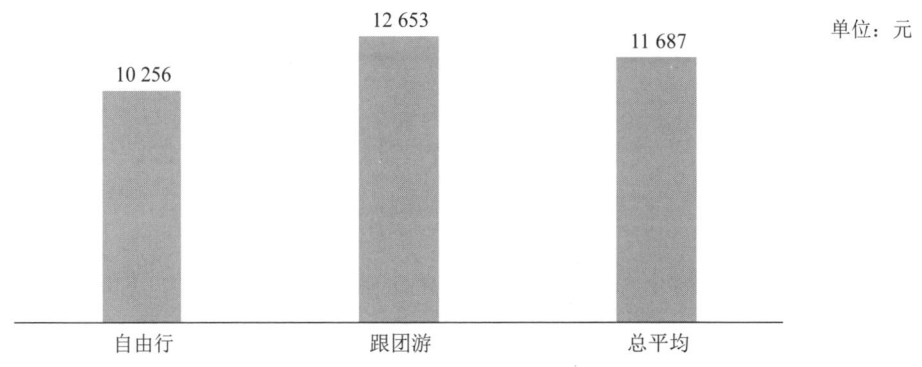

图 22 2017 年上半年欧洲游客平均客单价情况统计

(五)欧洲游客更注重产品品质,4、5 钻产品占比达 86%,且深度游受青睐

常规的低标准、赶行程产品,已经无法满足中国游客了。"全程四星酒店、巴黎小环城内入住、卢浮宫入内讲解、意大利古堡庄园酒店体验、全程 Wi-Fi、自由活动时间充足",成为消费者选择产品的关键词。携程跟团游数据显示,4、5 钻产品的选择比例最高,达到 86%,4 钻成为旅游者的首选,有 70% 的游客选择。携程新钻级标准对跟团游在酒店、航班、用车、餐饮、购物、自费六个方面全新升级,将相关的服务与赔付标准提升 2~5 倍。比如 5 钻产品要求无购物店、酒店评分达到 4.5 钻以上。

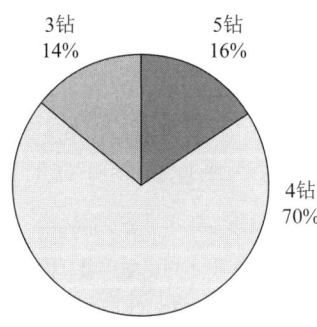

图 23　2017 年上半年欧洲游产品钻级消费统计

而在玩法上，中国游客越来越倾向于深度游。以意大利为例，网上最受欢迎的产品是意大利一地（10 日），以 22% 的比例排名第一。其次是法意瑞（10 日）、法意瑞 +1 国（12 日）等。

（六）欧洲游的游客满意度达 95%，对产品与服务的评分高达 4.7 分（5 分制）

根据欧洲游半年度的大数据调查显示，中国游客对于欧洲游整体满意度达 94.8%。网上数十万跟团游客的平均评分高达 4.7 分（5 分制）。说明欧洲游产品在硬件配套、导游服务、行程规划等方面都获得了游客的认可与好评。

中国人赴欧洲游将呈现两大发展趋势：一是随着二三线城市欧洲开航及包机增多，欧洲客源市场将向二三线城市分流渗透，且以经济型旅游团为主，而一线城市将倾向于向精品化、深度化旅游态势发展，市场则会呈现出两大形态，即低价常规游和高价精品深度游；二是自由行、半自助游市场会有较大提升，私家团、定制游成为部分客人的选择。

此趋势下旅行社产品势必创新升级。以携程旅游和华远国旅为例，全面升级跟团游新钻级标准，提升游客满意度；加大新产品研发，投放更多契合市场需求的新线路；加强资源采购，优化资源配置，创新产品亮点，改善服务品质。

后 记
POSTSCRIPT

《出境旅游发展年度报告》从2003年始,由杜江副局长牵头编制出版。自2008年开始,该报告由国家旅游局旅游促进与国际合作司委托中国旅游研究院组织力量编制。为使境外读者方便阅读,报告从2009年开始出版中英文双版。报告在延续调查方案与研究范式的基础上,一直在进行不断完善与创新。呈现在大家面前的这份报告更加专注于对出境旅游市场的分析与研究,并在附录中增加了普遍关心的旅游便利化和邮轮出境游内容。

为更加清晰直观地展现出境旅游市场的总体状况,该报告从2016年中国出境旅游总体状况、客源地产出特征、目的地消费行为与满意状况,以及2017年发展趋势与建议几个方面递次展开,以附录的形式重点突出了以银联为代表的旅游便利化以及邮轮出境游的内容,以期使境内外旅游主管部门、相关旅游企业与研究机构能够获得中国出境旅游发展全面而深入的信息,对其经营管理、政策制定、发展战略、教学研究等方面提供有益的参考。

整个项目由杜江教授与戴斌教授提出研究框架,经课题组全体成员讨论后形成了包括问卷设计、访谈提纲、调研组织在内的年度工作方案。从2010年开始,市场调研的对象扩展到北京、上海、广州、重庆、成都、西安、沈阳与杭州8个口岸城市。工作组在对各典型城市的地方旅游主管部门以及代表性出境游组团社进行实地调研基础上,结合市场调研与境内外数据收集整理,并经多次讨论修订,形成终稿。

同时,非常感谢银联国际对于此份报告所给予的大力支持。持续高速增长的出境市场聚焦了各方目光,也使得身处其中的企业责任重大。

本份报告的主要执笔人分工如下:导言,蒋依依;第一章,李兰兰、谢婷;第二章,张佑印、谢婷、杨劲松、杨丽琼、宋慧林、王雅倩;第三章,李兰兰、刘祥艳、侯冉冉；第四章，李兰兰、蒋依依；第五章，蒋依依、戴旭俊；专题一，李兰兰，戴旭俊；专题二，彭亮，蒋依依等。

书中数据如无特殊说明，均来自于国家旅游局数据中心统计数据以及中国旅游研究院抽样调查数据。

我们期待着出境旅游年度报告与中国的出境旅游共成长，为市场、产业与研究的理性成长贡献更大力量。

课题组

2017 年 5 月 20 日